Friedrich Gottlieb Klopstock

Der Messias

Erster, zweiter und dritter Gesang

Friedrich Gottlieb Klopstock

Der Messias
Erster, zweiter und dritter Gesang

ISBN/EAN: 9783744631419

Hergestellt in Europa, USA, Kanada, Australien, Japan

Cover: Foto ©Thomas Meinert / pixelio.de

Weitere Bücher finden Sie auf **www.hansebooks.com**

DEUTSCHE LITTERATURDENKMALE

DES 18. JAHRHUNDERTS

IN NEUDRUCKEN HERAUSGEGEBEN VON BERNHARD SEUFFERT

11

DER MESSIAS

ERSTER ZWEITER UND DRITTER GESANG

VON

F. G. KLOPSTOCK

STUTTGART

G. J. GÖSCHEN'SCHE VERLAGSHANDLUNG.

1883

Druck von Fischer & Wittig in Leipzig.

Unter dem Einfluss der kritisch-ästhetischen Werke, mit denen Bodmer und Breitinger im Jahre 1740 hervortraten, bildete und befestigte sich in dem Geiste des jungen Klopstock der Gedanke, seinem Volke das lang ersehnte, aber stets vergeblich versuchte Epos zu schaffen. Die Persönlichkeiten der weltlichen Geschichte, die er zuerst zu Helden seines Gedichts wählen wollte, vermochten ihn auf die Dauer nicht zu fesseln, selbst wenn sie anfangs als hervorragend verdiente Männer des deutschen Volkes neben dem poetischen auch den patriotischen Sinn des Jünglings begeistert hatten. Nach einem höheren Ziele wies Pyras 'Tempel der wahren Dichtkunst', der 1737 zu Halle im Einzeldruck erschienen war. Vermutlich lernte Klopstock frühzeitig dies Gedicht kennen, und nun ersah er in der grössten That der Heilsgeschichte den würdigsten Stoff seiner Dichtung. Voll der Eindrücke, die er von Miltons 'Verlornem Paradiese' und von den antiken Epen empfangen hatte, begann er, den leidenden, sterbenden und auferstandenen Messias zu singen. Tag und Nacht beschäftigte ihn der Gedanke daran während der nächsten Jahre. Als er am 21. September 1745 die Fürstenschule zu Pforta verliess, hatte er den Plan seines 'Messias' beinahe ganz vollendet. Und kühn wagte er es, in seiner Abschiedsrede über die epischen Dichter den Inhalt und Charakter seines Werkes mit allgemeinen, aber kaum misszuverstehenden Worten kurz anzudeuten.

Mit der Ausführung des Entwurfs aber zögerte er vorerst. Freilich der Absicht, bis zu seinem dreissigsten Jahre damit zu warten, bis 'das Herz Herrscher der

a*

Bilder sei', konnte er nicht treu bleiben. In Jena, wo er das Wintersemester 1745/46 zubrachte, fing er an, die ersten drei Gesänge des 'Messias' im einzelnen auszuarbeiten und niederzuschreiben — vorläufig in poetischer Prosa; denn von den gebräuchlichen epischen Versmassen sagte ihm keines zu. Allein die prosaische Form befriedigte ihn noch weniger. Neues Suchen leitete ihn während des Sommers 1746 in Leipzig auf die rechte Bahn :‹ jetzt schrieb er die Stücke seines Werkes, die er bereits ausgeführt hatte, in Hexameter um. Eben, als er die metrische Umdichtung des ersten Gesanges vollendet hatte, führte ihn ein günstiger Zufall in der Herbstmesse 1746 mit Johann Andreas Cramer und durch diesen mit den sogenannten 'Bremer Beiträgern' zusammen. Klopstock gewann in ihnen wackere und treue Genossen, die zum Teil wenigstens sein Streben verstanden und weiter anregten. Während seine Lyrik nunmehr in Oden zum Preise der Freundschaft und der Freunde einen höheren Flug nahm, schritt die Arbeit am 'Messias' rasch fort. Bald waren sämmtliche drei ersten Gesänge in Hexameter umgesetzt. Die 'Beiträger' schwankten zwischen Bewunderung für die Grösse und ängstlicher Scheu vor der Kühnheit dessen, was der Dichter hier in jeder Hinsicht, nach Form und Inhalt und überdies bei einem biblischen Stoffe, gewagt hatte. Zunächst musste Klopstock sich zu der Regel, die bei· ihnen galt, bequemen und seine Arbeit ihrer gemeinschaftlichen Censur unterwerfen. Besonders Ebert und Cramer besserten und strichen unbarmherzig an den Versen des neuen Freundes. Aber der Gesammtcharakter des Werkes wurde durch diese Korrekturen nicht verändert, die Bedenken, die man gegen eine Veröffentlichung des Gedichtes hatte, nicht beseitigt. Rat suchend wandten sich die 'Beiträger' im Frühling 1747 an Hagedorn und Bodmer. Wohlwollend, mit ruhigem Beifall, aber auch mit Vorsicht und nicht ohne Sorge wegen des religiösen Inhalts nahm Hagedorn die übersandten Proben des

'Messias' auf; rückhaltlos gab Bodmer sein schwärmerisches Entzücken über den neuerstandenen deutschen Epiker kund. Sein Enthusiasmus drückte alle Zweifel der 'Beiträger' zu Boden. Allein Klopstock selbst war es gar nicht darum zu thun, sein Werk schnell zum Druck zu bringen. Nur den ersten Gesang wollte er, um das Urteil der Kenner zu erfahren, in die 'Beiträge' einrücken. Bodmers Beifall machte vermutlich auch ihn kühner. Er überliess nunmehr den Freunden alles, was von dem Gedicht völlig ausgearbeitet war, für ihre Zeitschrift, und so erschienen daselbst im Frühling 1749 die drei ersten Gesänge des 'Messias' in dem zugleich ausgegebenen vierten und fünften Stück des vierten Bandes. Nur geringe Spenden, ein didaktisches Gedicht nach dem 37. Psalm und einen prosaischen Aufsatz 'Von der falschen Grossmut', hatten die übrigen 'Beiträger' diesmal beigesteuert; Klopstocks Arbeit füllte fast ganz die beiden Hefte.

Rasch, wenn gleich seinen Bewunderern nicht rasch genug, erregte das durchaus neue und ungemeine Werk die Aufmerksamkeit der Zeitgenossen. Bald war es der Mittelpunkt der schönen Litteratur Deutschlands, der Angelpunkt des ästhetisch-kritischen Kampfes zwischen den Parteien der Züricher und der Leipziger geworden. Neue Auflagen der bereits erschienenen Gesänge wurden notwendig; die Freunde wünschten, alle erwarteten gespannt die Fortsetzung. Doch Klopstock liess sich nicht drängen. Zunächst zwar arbeitete er fleissig am vierten und fünften Gesange. Bis Ostern 1749 hoffte er damit fertig zu sein; zur Michaelismesse 1749 dachte er dann die fünf Gesänge zusammen als ersten Band seiner Epopöe herauszugeben. Aber erst im Frühjahr 1751 kam er dazu. Aeussere Umstände, eine Krankheit, die Sorge um eine seinen Wünschen und Fähigkeiten entsprechende Lebensstellung, dann die Zerstreuungen des Züricher Aufenthaltes, eine Zeit lang auch seine Unschlüssigkeit in der Wahl des Verlegers, hatten den

Verzug zum Teil verschuldet, zum Teil aber auch die Art,
wie Klopstock arbeitete. Er führte nicht in planmässiger
Ordnung einen Gesang nach dem andern aus, sondern
dichtete gleichzeitig Fragmente aus den verschiedensten
Teilen seines Werkes. An diesen Stücken modelte und
feilte er wiederholt, so lange sie ihm noch im Ma-
nuskript vorlagen; ja sogar den ursprünglichen Plan
des Gedichtes änderte er in einigen Punkten ab. Die
künstlerische Verknüpfung jener frühzeitig verfassten
Fragmente und die dichterische Ausführung der Partien,
die zwischen diesen Fragmenten lagen und bisher nur
im Entwurf vollendet waren, erschien ihm späterhin als
die eigentliche Arbeit an seinem Epos. Diese Arbeit aber
schritt sehr langsam vorwärts. Doch waren die ersten
Jahre seines Kopenhagener Aufenthaltes und namentlich
die kurze Zeit seiner Ehe mit Meta (1754—1758) auch
für den 'Messias' sehr fruchtbar. Ende 1755 konnte
Klopstock die ersten zehn Gesänge in zwei ansehnlichen
Bänden zu Kopenhagen herausgeben. Dagegen scheint
unmittelbar nach dem Tode Metas ein Stillstand in der
Dichtung am 'Messias' eingetreten zu sein. Erst aus
dem Anfang des Jahres 1762 erhalten wir wieder Nach-
richt, dass Klopstock das Werk eifrig fördere. Auch
in den beiden folgenden Jahren, die der Dichter fast
ganz in Deutschland zubrachte, setzte er die Arbeit
wacker fort, obgleich er durch die Vollendung des
'Salomo' und durch seine metrischen Studien beständig
darin unterbrochen wurde. Im Frühling 1764 liess er
nur in zwanzig Exemplaren 'Fragmente für Freunde
aus dem zwanzigsten Gesange des Messias' drucken;
1768 erschien zu Kopenhagen der dritte Band mit dem
elften bis fünfzehnten Gesang. Inzwischen hatte Klop-
stock nun auch die Arbeit an den noch rückständigen
fünf Gesängen energisch aufgenommen (im Herbst 1767)
und führte sie in den nächsten Jahren langsam zu
Ende: der Schlussband kam zu Halle im Frühling
1773 heraus.

Allein jetzt genügten dem Dichter nicht mehr die früheren Teile seines Werkes, die er vor beinahe zwei Dezennien zum letztenmal für den Druck überarbeitet hatte. Noch ehe die Ausgabe von 1773 vollendet war, dachte er daher an eine neue, verbesserte Edition. Wieder unterzog er sein Gedicht einer sorgfältigen Durchsicht; zahlreiche Aenderungen brachte er an. Endlich lieferte er 1781 die versprochene 'Ausgabe letzter Hand'. Nach ihr werde er an seinem Epos nichts mehr ändern, hatte Klopstock 1779 in der Ankündigung derselben öffentlich verheissen. Doch als er sich im letzten Jahrzehnt seines Lebens anschickte, seine verschiedenartigen poetischen Produkte gesammelt dem Publikum vorzulegen, empfand er wieder das Bedürfnis, wie bei den Oden, so auch im 'Messias' neuerdings die Feile wirken zu lassen. Seit 1793 beschäftigte ihn diese Arbeit; 1799 und 1800 erschienen die vier Bände des Epos in der Sammlung seiner Werke. An dem Text dieser Ausgabe, deren Korrektur er persönlich mit peinlicher Genauigkeit überwachte, besserte Klopstock späterhin nichts mehr. Bald darauf nahm er überhaupt von der Poesie Abschied: aus dem Februar 1802 stammt seine letzte Ode. Schon zeigten sich die Vorboten der Krankheit, die ein Jahr darnach den greisen Sänger ins Grab bettete.

Was Klopstock bestimmte, ein volles halbes Jahrhundert lang immer . wieder aufs neue an dem Text seines Lebenswerkes zu feilen, das waren vorwiegend sprachliche und metrische Rücksichten. Als er zuerst auf den Schauplatz trat, begann die deutsche Dichterrede sich eben mühsam aus tiefstem Verfall zu erheben. Allein der Poeten, welche der schwach und niedrig gewordenen Sprache wieder Kraft und Würde zu geben vermochten, waren äusserst wenige. Nennenswertes leistete unter ihnen in dieser Hinsicht nur Haller. Der unvermögenden Praxis suchte die Theorie aufzuhelfen; namentlich gab Breitinger im zweiten Teil seiner

'Kritischen Dichtkunst' eine Fülle der trefflichsten all-
gemeinen wie besonderen Lehren und Vorschriften für
die Gestaltung des poetischen Ausdrucks. Die Arbeit
dieser Männer auf produktivem wie auf kritischem Ge-
biete war für Klopstock nicht verloren; aber er gieng
um einen bedeutenden Schritt über sie hinaus. Er
bildete die sprachlichen Kühnheiten der antiken Poesie
im Deutschen nach. Nun war aber die deutsche dichte-
rische Rede noch nicht reif und geübt genug, um die-
selben Wagnisse sicher und leicht zu bemeistern, welche
ehedem die glänzend entwickelte griechische und latei-
nische Sprache bestand; manchen von ihnen wider-
strebte auch der eigentümliche Charakter der deutschen
Sprache. Hier überall das rechte Mass zu treffen, ge-
lang nicht sofort beim ersten Versuch. Oftmals schritt
Klopstock auch später über die Grenze hinaus, die ihm
durch die Natur seiner Sprache gesteckt war; in vielen
Fällen aber wusste er den Ausdruck in den späteren
Ausgaben seines Gedichts einfacher und klarer, nach-
drücklicher und edler und zugleich, ohne dass er un-
deutsch wurde, freier und kühner zu gestalten.

Aehnlich verhielt es sich mit dem Verse. Obgleich
man schon vor Klopstock öfters versucht hatte, den
Hexameter im Deutschen nachzubilden, musste der
Dichter des 'Messias' sich doch seinen Vers erst neu
schaffen. Homers Hexameter, den er dem Virgilischen
vorzog, nahm er sich zum Muster. Aber selbständig
und frei, stets im Einklang mit den prosodischen Grund-
gesetzen unserer Sprache, gestaltete er den antiken
Hexameter zum deutschen epischen Verse um. Doch
auch des Metrums war er anfangs noch nicht völlig
Herr. Hier galt es später, manche Unebenheiten vor-
nehmlich bei den teilweise recht holperigen Daktylen
auszugleichen, lange und kurze Silben streng zu unter-
scheiden, den Hiatus zu verhüten, einen grösseren
Wechsel von Cäsuren eintreten zu lassen. Der Rhythmus
war vom Beginn an seiner ausgebildet; aber auch er

war nicht selten der Vervollkommnung fähig. Wohl-
klang und Tonmalerei konnte erst in den späteren Aus-
gaben angestrebt werden.

Durch seine dichterische Eigenart und durch den
Charakter seines Stoffes wurde Klopstock, während er
seinem Volk ein Epos zu geben beabsichtigte, beständig
zur lyrischen Darstellung gedrängt. Auch auf Sprache
und Vers des 'Messias' übte dies Einfluss. Die späteren
Aenderungen trugen zum Teil dazu bei, dem Hexameter
mehr gleichmässige Ruhe zu geben, ohne ihn jedoch
vollständig episch im Sinne des Homerischen Verses zu
machen. Der lyrisch-rhetorische Charakter der Diktion
hingegen wurde durch jene Aenderungen in den späteren
Ausgaben eher verschärft als gemildert.

Der Zahl nach geringer waren die Fälle, in denen
Klopstock den Sinn und Inhalt des Gedichtes umformte;
aber hier schnitten seine Korrekturen viel tiefer ein.
Sie waren teils durch religiöse, teils durch ästhetische
Rücksichten bedingt. Der Dichter des 'Messias' war
jederzeit ein fromm gläubiger, nie ein orthodox strenger
Christ. Zur Milde und Duldung war er von früher
Jugend her gewöhnt; doch wurde mit den Jahren seine
religiöse Grundanschauung noch toleranter. Nach der
Darstellung der frühesten Ausgabe blieb das endliche
Schicksal des bussfertigen Teufels Abbadona durchaus
zweifelhaft; schon seit der Ausgabe von 1751 zeigten
sich Spuren, dass der Reumütige schliesslich Gnade
finden werde[1]. Ja sogar der Lehre von der einstigen
Erlösung und Wiederbringung aller Verdammten erwies
sich Klopstock — aber erst in der letzten Ausgabe der
Messiade — zugethan. Andrerseits war aber der ältere
Dichter in der Schilderung einzelner Vorgänge, in der
Wahl des bestimmten Ausdrucks vorsichtiger und be-

---

[1] Vgl. Georg Friedrich Meier an Bodmer vom 12. Ok-
tober 1749 (ungedruckt): 'Was die Erlösung des Abbadona
betrifft, so gibt er [Klopstock] mir Recht und will ihn selig
werden lassen.'

denklicher geworden, sobald religiöse Fragen mit ins
Spiel kamen. Eben, weil er sich freier vom starren
Dogma fühlte, weil seine Auffassung weitherziger,
schonender, versöhnlicher, grösser geworden war, eben
darum wollte er auch solchen, die schwächer und ängst-
licher im Glauben waren, keinen Anstoss geben und
änderte oder entfernte ihnen zu Liebe alles, was ihrer
frommen Zaghaftigkeit Sorge einflössen konnte.

Meist erregten diejenigen Stellen, die mit dem religi-
ösen Denken und Empfinden des älteren Klopstock nicht
mehr übereinstimmten, nun auch ästhetisch bei ihm
Bedenken. Doch auch ausschliesslich aus künstlerischen
Gründen änderte er in zahlreichen Fällen. So wurde
bereits 1755 der Charakter des Verräters Judas konse-
quenter, entschiedener, psychologisch wahrscheinlicher
gezeichnet.

Bei all diesen Veränderungen folgte Klopstock in
letzter Instanz nur seiner eignen künstlerischen Ueber-
zeugung. Ja, er machte den Anspruch, dass er nie auf
das Urteil fremder Kritiker höre. In der That aber
achtete er wohl auf die lobenden oder tadelnden Stimmen
nicht bloss seiner Freunde, sondern auch der verachteten
Recensenten. Wo er ihre Einwürfe ganz oder auch nur
teilweise berechtigt fand, besserte er die angegriffenen
Stellen — allerdings gewöhnlich in anderer Weise, als
der Kritiker vorgeschlagen hatte. Ebenso konnte ihn
ein Lob, das er vielleicht nicht erwartet hatte, aber als
durchaus begründet erkannte, vermögen, dass er den-
selben oder einen ähnlichen Kunstgriff gegen seine
ursprüngliche Absicht noch öfter anwandte.

In der Langsamkeit, mit der die einzelnen Gesänge
des 'Messias' vollendet und veröffentlicht wurden, lag
es vornehmlich, wenn auch nicht einzig begründet, dass
der Beifall der Leser von Band zu Band sich minderte.
Zwischen dem Erscheinen der ersten und der zweiten
Hälfte verstrichen fast zwei Jahrzehnte, zwischen der
Publikation des ersten und des letzten Gesanges ein

volles Vierteljahrhundert, während dessen die Entwick-
lung der deutschen Litteratur mächtig vorgeschritten war.
1773, als der Schluss der Messiade herauskam, waren
die litterarischen Kämpfe zwischen den Zürichern und
den Leipzigern, aus denen die ersten Gesänge des Gedichts
hervorwuchsen, längst vergessen; die schweizerische
Aesthetik, unter deren Einflüssen sich Klopstock gebildet
hatte, war durch Lessings und Herders kritische Arbeiten
weit überholt; die Bewegung des 'Sturms und Drangs'
hatte begonnen; Milton, Young und Richardson, die
Vorbilder jener früheren Generation, waren durch Shake-
speare verdrängt; das Interesse des deutschen Publikums
hatte sich vom Epos zum Drama gewandt. Und Klop-
stocks Poesie war all diesen Wandlungen gegenüber
im Wesen dieselbe geblieben; nicht an dem Menschen,
wohl aber an dem Dichter waren die Umwälzungen des
Zeitalters fast spurlos vorübergegangen. So konnten
die letzten Bände seines Werkes nur auf eine geringere
Anzahl persönlicher Freunde und Verehrer begeisternd
einwirken, während der Abschluss der ersten Hälfte des
Gedichts noch die allgemeine Teilnahme der gebildeten
Kreise Deutschlands erregt hatte. Allein auch die Ge-
sänge, welche damals, 1755, neu erschienen, ja schon
der vierte und fünfte Gesang, die 1751 zuerst ans
Licht traten, vermochten nicht mehr die ausserordent-
liche, vielleicht in der Geschichte unserer Poesie nur
durch den Eindruck des 'Götz von Berlichingen' noch
übertroffene Wirkung hervorzurufen, von der die Heraus-
gabe der drei ersten Gesänge begleitet war. Gerade sie
aber sind, weil sie in einer umfangreichen, mehrbändigen
und selten gewordenen Zeitschrift erschienen sind, in
ihrer ursprünglichen Form dem modernen Leser weniger
zugänglich als alle späteren Einzelausgaben. Ein Neu-
druck dieser drei Gesänge nach dem ältesten Texte der
'Bremer Beiträge' wird daher Freunden unserer Litteratur
nicht unwillkommen sein. —
   Zum erstenmal gedruckt wurden die drei Anfangs-

gesänge des 'Messias' ohne Klopstocks Namen in Neue Beyträge | zum | Vergnügen | des | Verstandes und Witzes. | Vierter Band, viertes und fünftes Stück. | Bremen und Leipzig, | Verlegts Nathanael Saurmann. | 1748. (8°. S. 243—378.) Genau bis auf Seite und Zeile stimmt damit der Abdruck in der zweiten Auflage der 'Beiträge' von 1750. Nur die Orthographie und Interpunktion weicht hie und da — meist zufolge einem blossen Versehen — von der der ersten Ausgabe ab; auch haben sich in den Text einige Druckfehler eingeschlichen. Derselben Art und nicht viel grösser sind die Unterschiede zwischen dem ursprünglichen Druck und der Einzelausgabe, welche der Buchhändler Hemmerde mit Erlaubnis Saurmanns und nachträglicher Einwilligung Klopstocks spätestens zu Anfang Februars 1749 erscheinen liess: Der | Messias | ein | Heldengedicht. | HALLE, | bey Carl Herrmann Hemmerde. | 1749. (136 Seiten 8°.) Die Edition besorgte (nach einem noch ungedruckten Briefe des Herausgebers an Bodmer vom 25. April 1749) der hallische Professor der Philosophie Georg Friedrich Meier. Ueber die zahlreichen Druckfehler derselben beklagte sich Klopstock schon am 30. September 1749 bei dem Verleger. Trotzdem wurde die Ausgabe ausserordentlich rasch vergriffen; bald wurde eine dritte Auflage der drei Gesänge (die oben genannte zweite des betreffenden Stücks der 'Bremer Beiträge' von 1750) notwendig[1]).

Sachliche Varianten weist erst die Ausgabe von 1751 auf. Sie erschien zur Ostermesse in dreifacher Gestalt, in 4°: Der | Messias. | Mit Königl. Pohln. und Churf. Sächs. Königl. Preußischen und Churf. | Brandenburgischen allergnädigsten Privilegien. | Halle, im Magdeburgischen | Verlegt von Carl Herrmann Hemmerde, | 1751. (4 unpaginirte Blätter und 184 Seiten); in grossem 8° und zwar in dieser Form ausgestattet mit Kupferstichen und Erklärungen dazu, die Hemmerde aus brieflichen

---

1) Meier an Bodmer vom 12. Oktober 1749 (ungedruckt).

Angaben Klopstocks eigenmächtig zusammengestellt hatte,
unter demselben Titel, nur mit dem Zusatz: **Erſter Band.**
nach **Der | Meſſias. | [1])** (6 unpaginierte Blätter und 184
Seiten); und in gewöhnlichem Oktavformat ohne Kupfer
und Erklärungen, unter dem gleichen Titel. **Der** Druck
der Quartausgabe ist der korrekteste.

Aufs neue umgearbeitet erschienen die drei **ersten**
Gesänge Ende 1755 [2]) in der auf Kosten des Königs
von Dänemark veranstalteten Kopenhagner Prachtaus-
gabe: **Der | Meſſias | Erſter Band | Koppenhagen | 1755.**

---

[1]) Die Zeilen sind folgendermassen getrennt: . . . **Preu-
ßiſchen | und Churf. Brandenburgiſchen** etc.

[2]) Richard Hamel (Klopstock-Studien, III 35) zweifelt,
ob diese Ausgabe noch 1755 oder erst 1756 herauskam. Sein
— vollkommen berechtigtes — Bedenken gründet sich auf
den Brief Klopstocks an seine Eltern, den Klamer Schmidt
(Klopstock und seine Freunde, Halberstadt 1810, II 87 ff.)
mit dem Datum 'Im Januar 1756' versah. Dieser Brief ist
uns aber nicht im Original, sondern nur in einer Abschrift
von Klopstocks Mutter erhalten (in Gleims Archiv zu Halber-
stadt). Der Vater des Dichters sandte diese Kopie am
15. Januar 1756 an Gleim mit der Nachricht, das Siegel des
lang erwarteten Briefes aus Kopenhagen sei verletzt gewesen.
Schon dieser Umstand macht es wahrscheinlich, dass das
Schreiben ungewöhnlich lang auf der Post zurückgehalten
worden sei. Dass der Druck des ersten Bandes noch 1755
vollendet wurde, beweisen die von Klamer Schmidt ausge-
lassenen Stellen des Klopstockischen Briefes: 'Ich will mit
dem Messias anfangen. Der Druck ist jetzt bis den neunten
Gesang über die Hälfte fertig. Morgen oder übermorgen
wird der erste Band, wenn mir anders Wort gehalten wird,
zu Schiffe auf Lübeck gehen. . . . Der zweite Band, welcher
gleichfalls aus fünf Gesängen bestehet, wird nun nicht eher
als künftige Ostern nach Deutschland kommen. . . . Ich habe
Hoffnung, dieses Fest oder doch bald darnach dem König
den ersten Teil der neuen Ausgabe des Messias zu über-
reichen.' Unter dem Fest kann nicht Ostern 1756, sondern
nur Weihnachten 1755 oder spätestens Neujahr 1756 gemeint
sein; das beweist die Nachschrift von Klopstocks Frau:
'Heute sind August [der Bruder des Dichters] und ich allein
hier [zu Lyngby]; alles ist in der Stadt, Klopstock, um dem
König die neue Ausgabe des Messias zu überreichen.' Der

11 unpaginierte Blätter und 181 Seiten $4^{\underline{0}}$, unter der letzten Seite: Gedruckt bey Ludolph Henrich Lillie. Die Verse jedes einzelnen Gesanges sind — doch nicht immer richtig — von 5 zu 5 gezählt. Erst 1760 machte der hallische Verleger vom seinem Rechte, das Klopstock ihm ausdrücklich zugestanden hatte, Gebrauch und liess dem bereits 1756 nachgedruckten zweiten Bande nun auch eine neue Ausgabe des ersten Bandes auf Grund des Kopenhagner Textes folgen: Der | Messias. | Erster Band. | Zweyte, verbefferte Auflage. | Mit Königl. Pohln. und Churf. Sächs. Königl. Preußischen | und Churf. Brandenburgischen allergnädigsten Privilegien. | Halle, im Magdeburgischen. | Verlegt von Carl Herrmann Hemmerde, | 1760. (12 unpaginierte Blätter und 184 Seiten $8^{\underline{0}}$). Nach einer Angabe bei Hamel, Klopstock-Studien, III 84 existieren von dieser hallischen Ausgabe mehrere Doppeldrucke.

Frei von Druckfehlern ist keine dieser rechtmässigen Ausgaben; unvergleichlich zahlreicher sind die Fehler in den vielen unrechtmässigen Nachdrucken, die für die Textkritik absolut wertlos sind. Nach möglichster Korrektheit strebte Klopstock bei der Ausgabe von 1780, deren Druck er selbst mit aller denkbaren Sorgfalt überwachte. Sie kam höchst wahrscheinlich erst im Sommer 1781 heraus und zwar in dreifacher Form: in $4^{\underline{0}}$ (2 unpaginierte Blätter am Anfang, 2 am Schluss, 6 Blätter Subskribenten, 743 und 7 Seiten) und in $8^{\underline{0}}$ (3 unpaginierte Blätter am Anfang, 1 am Ende, 4 Blätter Subskribenten, 673 und 7 Seiten) mit gewöhnlicher Orthographie: Der | Messias. | Mit | Allergnädigster Kaiserlicher | Freyheit. | Altona, | Gedruckt bey Johann Da-

---

Brief Klopstocks blieb also während der Festtage unbestellt liegen und wurde erst (wahrscheinlich Ende Dezembers 1755) in Dänemark auf die Post gegeben, nachdem der erste Band des 'Messias' dem König überreicht war. Der zweite Band erschien nach einem noch ungedruckten Brief des Dichters an Hemmerde vom 13. März 1756 erst in diesem Monat.

vib Adam Eckhardt, | 1780; ferner in 8⁰̲ mit Klopstocks neuer Orthographie. Der Titel blieb genau derselbe; nur wurde Freiheit und Geburt bei geschrieben. Auch der Umfang war fast der gleiche: 2 unpaginierte Blätter am Anfang, 1 am Ende, 2 Blätter Subskribenten, 673 und 7 Seiten. Trotz des Dichters Bemühen blieb die Quartausgabe vor sinnstörenden Druckfehlern nicht bewahrt; korrekter geriet die Oktavausgabe.

Der Druck des 'Messias' in Klopstocks gesammelten Werken wurde im Frühjahr oder spätestens im Sommer 1798 begonnen. Die 'Werke' erschienen zuerst in einer Prachtausgabe in grossem 4⁰̲, unmittelbar darnach in 8⁰̲. Die vier Bände des 'Messias' scheinen zugleich herausgekommen zu sein, in 4⁰̲ zur Ostermesse 1799, in 8⁰̲ zur Ostermesse 1800. Der Titel lautet mit Ausnahme der Jahreszahl in beiden Ausgaben gleich, für den Anfangsband, der hier allein in Betracht kommt: KLOPSTOCKS | WERKE | DRITTER BAND | DER MESSIAS | ERSTER BAND | LEIPZIG | BEY GEORG JOACHIM GÖSCHEN. 1799. [1800.] Darauf folgt der Specialtitel: DER | MESSIAS[1] | ERSTER BAND ' LEIPZIG | BEY GEORG JOACHIM GÖSCHEN. 1799. [1800.] (3 unpaginierte Blätter und 206 Seiten 4⁰̲, 3 unpaginierte Blätter und 320 Seiten 8⁰̲). Von der Oktavausgabe wurden drei Drucke veranstaltet, die sich nur in Kleinigkeiten unterscheiden[2]). Der Text in den 'Werken' bildete die Grundlage für die späteren Ausgaben der Messiade, welche, für die Textkritik ohne Wert, nach Klopstocks Tode bei Göschen und anderen Verlegern erschienen. —

Zahlreiche, vollständige oder fragmentarische Uebersetzungen des 'Messias' wurden versucht. Kaum waren die ersten Gesänge der Epopöe ans Licht getreten, als

---

[1]) In der Oktavausgabe: KLOPSTOCKS | MESSIAS | etc.
[2]) Ebenso bei den Oden; vgl. meinen Aufsatz im 'Archiv für Litteraturgeschichte', XI 247 (1882).

Bodmer, für den Ruhm seines Schützlings besorgt, den Berner Patrizier Vincenz Bernhard v. Tscharner (1728 —1778), der bereits glücklich die Gedichte Hallers in das Französische übertragen hatte, bestimmte, dem Werke Klopstocks den gleichen Dienst zu leisten. Bis zum Frühjahr 1750 hatte Tscharner die drei ersten Gesänge mit vielem Geschick und sogar mit dem Beifall von Männern, denen der Inhalt der Messiade keineswegs zusagte, in französische Prosa übersetzt. Zur selben Zeit plante ein Graf Du Quesne eine französische Wiedergabe des 'Messias', von der jedoch weiterhin nichts mehr verlautet [1]).

Die ersten Bruchstücke einer lateinischen Umdichtung des 'Messias' brachten die Programme des gothaischen Gymnasialdirektors Johann Heinrich Stuss 'Prolusio de novo genere poeseos Teutonicae rhythmis destitutae' (zum 1. August 1751) und 'Commentatio de epopoeia christiana' (zum 1. Mai 1752). Der lateinische Ausdruck wár in den Proben, welche Stuss mitteilte, bisweilen dunkel und schwer verständlich; doch hatte der Uebersetzer nicht ohne Erfolg die Grandiloquenz des Virgilischen Verses angestrebt. Ziemlich gleichzeitig, wohl im Januar oder Februar 1752, begann Lessing gemeinsam mit seinem jüngeren Bruder Johann Gottlieb (Theophilus) den Anfang des Klopstockischen Gedichts in lateinische Hexameter zu übertragen. Es gelang ihm, den wechselnden Ton der Darstellung auf das glücklichste in der alten Sprache wiederzugeben; doch verlor er bald die Lust an der Arbeit, vielleicht auch, weil er von den ähnlichen Bemühungen des gothaischen Schulmanns hörte. Etwas über hundert Verse seiner Uebersetzung nahm er 1753 in den neunzehnten der sogenannten 'kritischen Briefe' auf.

Unvergleichlich zahlreicher und meist auf das ganze

---

[1]) Klopstocks ungedruckter Brief an Meister in Erlangen vom 26. April 1749.

Gedicht ausgedehnt wurden die Versuche, die Messiade den fremden Litteraturen zu gewinnen, seit der Mitte der sechziger Jahre. Bald in Prosa, bald im Metrum des Originals, bald in anderen Versen eigneten sich die Ausländer den Inhalt des deutschen Gedichtes an. Der 'Messias' wurde so in die englische, französische, italienische, spanische, portugiesische, holländische, dänische, schwedische, isländische, russische, polnische, ungarische, wendische, lateinische und griechische Sprache übertragen, angeblich auch fragmentarisch ins Persische und Arabische. Am vollständigsten aufgezählt finden sich diese Uebersetzungen in F. A. Cropps vortrefflichem Artikel über Klopstock im 'Lexikon der hamburgischen Schriftsteller bis zur Gegenwart' (Hamburg 1858), IV 16—21 [1]).

Der Dichter selbst war mit den meisten dieser Uebersetzungen übel zufrieden. Voll Unmuts über die französischen Dolmetscher schrieb er 1796 die Ode 'Klage eines Gedichts'. Einen deutlicheren und interessanteren Ausdruck verlieh er seiner Ansicht von der 'traurigen Ehre', die ihm durch jene Uebersetzungen widerfahren war, schon 1779 in der ersten Fortsetzung zu den 'Fragmenten über Sprache und Dichtkunst'. Um den Ausländern zu zeigen, wie ungenügend sie sein Werk übertragen hatten, sollten seine Freunde eine lateinische Wiedergabe des 'Messias' versuchen. Er selbst wollte zu diesem Unternehmen nur anlocken, und zu dem Zwecke hatte er mehrere Bruchstücke davon in poetischer Prosa ausgearbeitet. Den rechten Ton traf jedoch auch er nicht: sein unablässiges Streben nach Pathos und Würde war schuld, dass sein Latein unnatürlich geschraubt und steif wurde.

Zu einem noch grösseren Umfang als die Summe der Uebersetzungen ist die Litteratur der Schriften und

---

[1]) Herr Dr. Cropp hatte auch die Güte, mir brieflich einige Nachträge zu diesem Artikel aus seinem Handexemplar mitzuteilen, die ich dankbar benützt habe.

b

Urteile über den 'Messias' angeschwollen. Anfangs zögernd, bald aber rasch und dicht hinter einander folgten die Recensionen in Zeitschriften. Die früheste Anzeige der drei ersten Gesänge, die bis jetzt bekannt ist, brachte die 'Berlinische privilegierte Zeitung' vom 6. Juli 1748. Der ungenannte Kritiker erkannte die Bedeutung des Klopstockischen Gedichtes lobend an; für den Autor hielt er den Laublinger Pastor Samuel Gotthold Lange [1]. Klopstock ward zuerst als Verfasser gepriesen in Hallers rühmender Recension des 'Messias' in den 'Göttingischen Zeitungen von gelehrten Sachen' vom 29. August 1748 (wieder abgedruckt in 'Hallers Tagebuch seiner Beobachtungen über Schriftsteller und über sich selbst', herausgegeben von Johann Georg Heinzmann, Bern 1787, I 45). Daran schlossen sich Bodmers 'Aufgefangener Brief' in den Züricher 'Freimütigen Nachrichten von neuen Büchern und andern zur Gelehrtheit gehörigen Sachen' vom 25. September 1748 (wieder gedruckt 1768 im 'Archiv der schweizerischen Kritik, von der Mitte des Jahrhunderts bis auf gegenwärtige Zeiten', I 17 ff.), die vielleicht auch von Bodmer herrührenden Aeusserungen über Klopstock in der Vorrede zum Jahrgang 1749 der 'Freimütigen Nachrichten' und in der Anzeige von Meiers Schrift über den 'Messias' ebendort am 26. März 1749, ein aus Bremen eingesandter lobender Artikel in den 'Berlinischen wöchentlichen Berichten der merkwürdigsten Begebenheiten des Reichs der Wissenschaften und Künste' vom 17. Januar 1749, Alexander Gottlieb Baumgartens beifälliges Urteil in den 'Nachrichten von einer hallischen Bibliothek' (Stück 15, vom März 1749, S. 275 f.) [2]

---

[1] Vgl. B. A. Wagner, Lessing-Forschungen nebst Nachträgen zu Lessings Werken. Berlin 1881. S. 158.

[2] Meier an Bodmer vom 25. April 1749 (ungedruckt): 'Herr D. Baumgarten, der sich Ihnen empfehlen lässt, hat dieses Werk [die Messiade] auch in seinen Nachrichten von einer hallischen Bibliothek angepriesen.'

und Langes begeistert anerkennender Brief über die Messiade (vom 15. Februar 1749 datiert) im 124. Stück des zweiten Jahrgangs der von Georg Friedrich Meier und Lange in Halle herausgegebenen moralischen Wochenschrift 'Der Gesellige' vom 14. April 1749.

Ziemlich so thätig für den Ruhm Klopstocks wie in Zürich und Halle war man in Erlangen, wo Bodmers Jugendfreund Johann Heinrich Meister als Prediger wirkte. In den 'Erlangischen gelehrten Anmerkungen und Nachrichten' vom 4. Februar 1749 gedachte Andreas Elias Rossmann lobend des 'Messias'; eine nicht minder beifällige Anzeige der hallischen Ausgabe, vielleicht gleichfalls von Rossmann, folgte ebendort am 25. Februar 1749; die 'Vollständige Einleitung in die Monatschriften der Deutschen' brachte im sechsten Stück des ersten Bandes (Erlangen 1749) eine kurze, beifällige Anzeige des Gedichts; Meister selbst lieferte im Frühling 1749 einen französischen Auszug des 'Messias' nebst kritischen Bemerkungen, beides zur höchsten Zufriedenheit Klopstocks, der in einem (noch ungedruckten) Briefe vom 26. April 1749 warm für den Freundesdienst dankte.

Aber wie anerkennend auch alle diese Stimmen der Kritik klangen, sie liessen sich doch ziemlich vereinzelt hören; den Bewunderern des 'Messias' verzog der Erfolg zu lange. Schon anfangs 1749 rückte Giseke sein poetisches 'Schreiben an Herrn K † † † k' in die 'Sammlung vermischter Schriften von den Verfassern der bremischen neuen Beiträge zum Vergnügen des Verstandes und Witzes' (Band I Stück 3) ein, worin er dem Dichter der Erlösung den ironischen Rat gab, seine Kunst zu vergessen und sich vielmehr als Gelegenheitspoet die Gunst der Höfe zu erringen.

Das allgemeine Interesse des gebildeten Deutschland wandte sich Klopstock und seinem Werk erst zu, als Meiers 'Beurtheilung des Heldengedichts der Messias' (erstes Stück 1749, zweites 1752 zu Halle erschienen) in weitere Kreise drang. Am 23. Dezember 1748 sandte

Meier die eben im Druck vollendete Schrift an Bodmer, auf dessen Wunsch er sie abgefasst hatte, und schon am 25. April 1749 konnte er sich rühmen, dass er durch die wenigen Bogen dieser Recension dem 'göttlichen Gedichte' viele Verehrer verschafft habe. Nun häuften sich die Kritiken in Zeitschriften und die selbständigen Broschüren über die Messiade [1]). Die Schweizer gingen voll freundschaftlichen Eifers voraus; bald liessen sich die Gegner nicht minder laut vernehmen.

Bodmer ergriff auch jetzt jede Gelegenheit, den Ruhm des durch seine Lehren gebildeten Epikers auszubreiten. Zunächst verlieh er im ersten und im fünfundfünfzigsten der 'Neuen kritischen Briefe' (Zürich 1749) seiner Freude, dass das goldne Zeitalter unsrer Litteratur angebrochen sei, einen enthusiastischen Ausdruck; nicht geringern Beifall spendete er dem 'Messias' in den drei ersten Stücken seiner Wochenschrift 'Crito' (Zürich 1751). Sein Freund Johann Kaspar Hess überbot Meiers Lobpreisungen sogleich (im Frühsommer 1749) durch das Schriftchen 'Zufällige Gedanken über das Heldengedicht der Messias' und eröffnete mit Tscharner in den Züricher 'Freimütigen Nachrichten' vom Juli bis zum Dezember 1749 eine freundschaftliche Polemik über einzelne Stellen des Klopstockischen Epos. Einen ähnlichen Scheinkampf führten die 'Erlangischen gelehrten Anmerkungen und Nachrichten' im Oktober 1749. Gleichfalls noch in diesem Jahre trat der Diakonus Heinrich Waser aus Winterthur mit seinen ironisch-witzigen 'Briefen zweier Landpfarrer, die Messiade betreffend' hervor (wieder gedruckt im 'Neuen schweizerischen Museum', Jahrgang I Heft 12 und II Heft 1, Zürich 1793—1794).

Gottsched liess es in der zweiten Ausgabe seiner Gedichte (Leipzig 1751) und in der vierten Auflage

---

[1]) Ich hebe von hier an nur die wichtigeren Schriften und Urteile hervor und verweise wieder auf Cropps ziemlich vollständige Aufzählung a. a. O. IV 21—31, auch auf Loebell (siehe unten S. XXIX) I 216—272.

seines 'Versuchs einer kritischen Dichtkunst' (Leipzig 1751) nicht an Ausfällen auf Klopstock und dessen Anhänger fehlen. Eben so wenig waren seine litterarischen Bundesgenossen Triller, Börner, v. Scheyb, v. Schönaich und andere, müssig. Energisch nahm er selbst den Streit erst 1752 auf, als er — zunächst gegen Stuss — im Januar- und im Märzheft seines 'Neuesten aus der anmutigen Gelehrsamkeit' ein im einzelnen oft berechtigtes, im ganzen perfides Urteil unter dem Titel 'Bescheidenes Gutachten, was von den bisherigen christlichen Epopöen der Deutschen zu halten sei' veröffentlichte. An Antworten von Seiten der Klopstockianer fehlte es nicht. Gehaltreich war der Aufsatz, den die Verfasser der 'Bremer Beiträge' in der Sammlung ihrer vermischten Schriften (Band III Stück 1) noch 1752 veröffentlichten: 'Gedanken über die Frage, wie weit Erdichtungen in Epopöen, welche Begebenheiten in der Religion zum Gegenstande haben, zugelassen sein können'. Klopstock selbst schwieg; allein Kämpfer für und gegen die Messiade traten zahlreich hervor. Die Leidenschaft wuchs von Jahr zu Jahr. So dauerte der Streit bis etwa 1755. Da machte sich nach und nach die Wirkung der Lessingischen Kritik geltend: der Zwist der litterarischen Parteien und bald auch die Parteien selbst verschwanden vom Schauplatz. Auch die Kritik beschäftigte sich nun weniger mit dem 'Messias'. Aber sie verstummte nicht ganz. Das langsame, allmähliche Erscheinen des Werkes veranlasste noch zu wiederholten Malen sogar die ersten Autoren Deutschlands, ihr Urteil darüber zu äussern.

Lessing zunächst sprach sich 'mit Bewunderung zweifelnd' im 'Neuesten aus dem Reiche des Witzes' vom Mai 1751 über den vierten und fünften Gesang, im 'Neuesten' vom September 1751 [1]) über die Anfangs-

---

[1]) Die letztere Kritik wurde fast unverändert 1753 in den fünfzehnten bis siebzehnten der 'kritischen Briefe' aufgenommen und in den beiden folgenden Briefen fortgesetzt.

verse des 'Messias' aus. Im achtzehnten und neunzehnten Litteraturbrief vom 16. und 22. Februar 1759 ging er verhältnismässig rasch über die neu erschienenen Gesänge VI—X hinweg, um desto länger bei den Veränderungen zu verweilen, welche der Dichter an den fünf ersten Gesängen vorgenommen hatte. Zum Teil hatte er den Inhalt dieser Kritik schon in dem Schreiben an Nicolai vom 31. Juli 1751 vorweggenommen.

Diese Briefe Lessings sollten wesentlich dazu dienen, eine Recension des zweiten Bandes der Messiade zu korrigieren und zu ergänzen, welche Nicolai im ersten Band der 'Bibliothek der schönen Wissenschaften und freien Künste' (Stück 2) 1757 veröffentlicht hatte. Auch sonst äusserte sich Nicolai öfters in früheren und späteren Schriften — meist vorübergehend und unbedeutend — über das Gedicht. Tiefer als sein Berliner Freund drang Moses Mendelssohn in das Wesen des Klopstockischen Epos ein. Eine eigentliche Recension des 'Messias' schrieb er nicht; nur gelegentlich sprach er, dann aber meistens sehr feinsinnig, über einzelne Grundzüge und Stellen des Gedichtes. Zusammenhängender betrachtete er den zweiten Band der Messiade im Brief an Lessing vom 2. August 1756.

Mit Mendelssohns Ansicht stimmte in vielen Punkten das Urteil überein, das Herder 1767 im zweiten seiner Fragmente 'Ueber die neuere deutsche Literatur' in dem 'Gespräch zwischen einem Rabbi und einem Christen über Klopstocks Messias' fällte (Suphans Ausgabe, I 277 ff.). Später, in den 'Briefen zur Beförderung der Humanität' (achte Sammlung 1796, S. 126 ff.), betrachtete er Klopstocks epische Muse vornehmlich in ihrem Gegensatz zu Milton. In ähnlichem Sinne hob er noch öfter den historischen Unterschied zwischen Klopstock und den früheren Epikern hervor und deutete dabei auf Einzelnes in der Messiade hin. Im fünften Bande der 'Adrastea' (Stück II S. 296 ff.) knüpfte er an Klopstocks Gedicht umfangreiche, allgemeine Betrachtungen über die Epopöe überhaupt an.

Wieland erwies sich während der ersten Periode seines Lebens als begeisterten, sogar unduldsamen Bewunderer und Anhänger sowie als künstlerischen Nachahmer Klopstocks. Oft in seinen Schriften und namentlich in seinen Briefen aus dieser Jugendzeit gab er seine Verehrung des Sängers der Religion kund; zu einer eigentlichen Recension der Messiade liess er sich nicht an.

Als seit dem Ende der fünfziger Jahre das Interesse an Klopstocks Poesie in Deutschland etwas zu erkalten drohte, bemühten sich die Mitglieder des nordischen Litteraturkreises zu wiederholten Malen, die Glut der einstigen Begeisterung frisch anzufachen. Zuerst suchte Gerstenberg, noch bevor er seinen Aufenthalt in Klopstocks unmittelbarer Nähe bei Kopenhagen nahm, im zweiundzwanzigsten Stück seiner moralischen Wochenschrift 'Der Hypochondrist' vom 29. Mai 1762 (S. 333—352) in populärer Form, ohne neue Gedanken zu bringen, die alten Vorurteile zu widerlegen, welche sogar von sogenannten Gebildeten damals noch immer gegen den 'Messias' geltend gemacht wurden. In humoristischer Form mit unvergleichlichem Witz drückte Helferich Peter Sturz 1777 im 'Deutschen Museum' seine Verehrung von Klopstocks Werk aus in dem satirischen Gespräche 'Sur les François et les Allemans' (Schriften 1782, II 322 ff.).

Den begeistertsten Verteidiger gewann Klopstock in dem Sohne seines Jugendfreundes, in Karl Friedrich Cramer. Er zuerst unternahm es, einen Kommentar der Messiade zu schreiben. Schon in seinem ersten Buche über den überschwänglich bewunderten Dichter, 'Klopstock. In Fragmenten aus Briefen von Tellow an Elisa' (Hamburg 1777—1778) erläuterte er so auf das ausführlichste den zwanzigsten Gesang (Bd. II S. 312 —445). Gelegentlich wies er auch erklärend auf andere schwierige Stellen des Gedichtes (z. B. Bd I

S. 117 f.). In seinem zweiten, grösser angelegten Werke
'Klopstock. Er; und über ihn' (5 Bände, 1780—1792)
teilte er zunächst die Entstehungsgeschichte des 'Messias'
(Bd. I S. 34—37, 136—150; II 3 f.; IV 8 ff.) und
darauf die zehn ersten Gesänge desselben mit fort-
laufendem, umfangreichem Kommentar mit (Bd. II S. 16
—279; III 26—307; IV 106—418; V 3—260).
Die Anmerkungen zum neunten und zehnten Gesang
(ohne Text) liess er gleichzeitig im neunten Stück seiner
Sammelschrift 'Menschliches Leben' (Altona und Leipzig
1792, S. 1—177) drucken. Strafende Seitenblicke warf
er auf die Recensenten jener ersten Gesänge, die nicht,
wie er, unbedingt bewunderten (II 348 ff.; IV 476 ff.;
V 467 ff. etc.); auch sonst fiel nebenher manche An-
merkung ab, die das Gedicht und, was mit demselben
in Zusammenhang stand, streifte (z. B. V 313 ff.).

Cramers Enthusiasmus teilten seine Freunde in Göt-
tingen. Wie sie Klopstock auf Kosten Wielands er-
hoben, ist bekannt. Ueber das Entzücken, mit dem sie
die eben damals erscheinenden letzten Gesänge der
Messiade begrüssten, geben die Briefe des jungen Voss
an den Pastor Brückner zu Grossen-Vielen in Mecklen-
burg aus den Jahren 1772 und 1773 den zuverlässigsten
Aufschluss (Briefe von Johann Heinrich Voss nebst er-
läuternden Beilagen, herausgegeben von Abraham Voss.
Halberstadt 1829. Bd. I S. 97 f., 124, 133, 135 f.).
Später hatte Voss gegen die Form des Hexameters in
dem 'Messias' manches Bedenken. . Lange hielt er aus
Rücksicht auf Klopstock seine Zweifel verschlossen zu-
rück. Endlich verlieh er ihnen 1789 in der Vorrede
zur Uebersetzung von 'Virgils Landbau' einen vorsichtigen,
fast schüchternen Ausdruck. Daran knüpfte sich ein
längerer Briefwechsel mit Klopstock über das Wesen
des Hexameters, worin die metrische Form der Messiade
gründlich erörtert wurde (gedruckt im Anhang zu Vossens
'Zeitmessung der deutschen Sprache', zweiter Ausgabe,
Königsberg 1831, S. 200 ff.).

Desgleichen wirkten im südlichen Deutschland die Freunde der Göttinger für den Ruhm des Sängers der Religion. Christian Friedrich Daniel Schubart, der 1771 Klopstocks kleine poetische und prosaische Schriften mit einer begeisterten Vorrede herausgegeben hatte, half auch durch deklamatorische Vorlesungen aus dem 'Messias' dem Gedicht in verschiedenen Städten von Schwaben, Franken, Baiern und der Pfalz Boden gewinnen. Begeistert schrieb er darüber an Klopstock (J. M. Lappenberg, Briefe von und an Klopstock, S. 268 ff.). In seiner Autobiographie (Schubarts Leben und Gesinnungen. Von ihm selbst, im Kerker aufgesetzt. Herausgegeben von seinem Sohne Ludwig Schubart. Stuttgart 1791—1793. II 39—46)[1] wiederholte er diese Erzählung und knüpfte daran allgemeine kritische Bemerkungen über den Aufbau der Messiade[2]. Voll stolzer Freude berichtete er an zwei Stellen seiner 'Chronik' vom Jahre 1790 über neue Uebersetzungen dieses 'göttlichen' Gedichtes (Gesammelte Schriften und Schicksale VIII 199 f., 270). Die Sammlung seiner Gedichte von 1787 brachte ferner ein gereimtes Gedicht 'Auf die Messiade', einen neuen Ausdruck seiner ungeteilten Bewunderung.

Auch Lavater zollte die höchste Verehrung dem Werke Klopstocks, und zahlreiche Stellen seiner Briefe und Schriften[3] liessen dies erkennen. Gleichwohl schien es ihm nicht überflüssig, nach Klopstock noch eine — historisch treuere — Messiade zu verfassen. In den Anmerkungen am Schluss der beiden ersten Bände seines

---

[1] Vgl. auch Schubarts Charakter von seinem Sohne Ludwig Schubart, 1798 (Schubarts, des Patrioten, gesammelte Schriften und Schicksale, Stuttgart 1839, Bd. II S. 145 ff.).

[2] Vgl. ebendort I 188 über ein kleines persönliches Abenteuer, in das Schubart durch die Messiade geriet.

[3] So in den 'Aussichten in die Ewigkeit' der neunte Brief (I 273 f. der zweiten Auflage von 1770); in den nachgelassenen Schriften (herausgegeben von Georg Gessner, Zürich 1801), I 155 f. etc.

'Jesus Messias oder die Evangelien und Apostelgeschichte in Gesängen' (4 Bände, 1783—1786) versuchte er den Unterschied zwischen seiner Darstellung und Klopstocks Gedicht in den hauptsächlichen Punkten nachzuweisen. Die Vorwürfe, die er hier dem älteren Dichter wegen seiner freien Behandlung der biblischen Geschichte machte, wiederholte er später noch mehrfach, so 1793 in dem Tagebuch seiner Reise nach Kopenhagen, aus dem er einen Auszug für Freunde drucken liess (S. 53 f.) und sonst.

Noch die beiden grössten Meister unserer Litteratur bildeten sich in der Jugend an Klopstocks Dichtungen und befreiten sich erst mit zunehmender Reife von dem Bann seiner Persönlichkeit oder seiner Poesie.

Goethe empfing bereits als Knabe tiefe Eindrücke von dem 'Messias' (vgl. 'Dichtung und Wahrheit', Buch II und IV, in Loepers Ausgabe I 73 ff., 134). Als junger Mann scherzte er heiter 1781 im 'Neuesten von Plundersweilen' über den erhaben-verstiegenen Sänger des 'Messias' und seinen vergötternden Schüler Cramer. Ernst und würdig verkündigten die Hexameter 'Die Kränze', welche zuerst in der Ausgabe von 1815 erschienen, das dauernde Lob des 'überepischen' Poeten. Endlich legte er 1812 im zehnten Buch von 'Dichtung und Wahrheit' (Loepers Ausgabe, II 170 f.) mit wenig Worten den Gang der Handlung im 'Messias' dar.

Ebenso rechnete der junge Schiller Klopstocks Gesänge zu seinen Lieblingsbüchern: Zahlreiche Citate, Anspielungen und Parodien einzelner Ausdrücke und Verse der Messiade in seinen frühesten Dichtungen und prosaischen Aufsätzen beweisen, wie innig der Jüngling mit dem Werke vertraut war, durch welches Klopstock 'gratiam cecinit terris et inferis' (Aufschrift auf ein Denkmal für Klopstock im 'Würtembergischen Repertorium' von 1782, in Goedekes historisch-kritischer Ausgabe II 387. Vgl. das 39. Gedicht der 'Anthologie auf das Jahr 1782' ebenda I 265). Der gereifte Künstler

fand vorzüglich in der Schrift 'Ueber naive und senti-
mentalische Dichtung' 1795 wiederholten Anlass, auf
Klopstocks Poesie einen kritischen Blick zu werfen.
Streng, aber gerecht und in allem Wesentlichen - un-
antastbar fiel jetzt sein Urteil über den 'Messias' aus
(Goedekes Ausgabe, X 472 ff.). Ein Jahr später brachte
der Musenalmanach für 1797 sein Xenion 'Der erhabene
Stoff' (XI 100).

Ziemlich um dieselbe Zeit tauchte der erste be-
deutendere Ausspruch über die Messiade aus dem Kreise
der Romantiker auf. August Wilhelm Schlegel ver-
fasste 1797 für die jenaische allgemeine Litteratur-
zeitung seine vernichtende Recension zweier ästhetischer
Abhandlungen über den 'Messias' von Grohmann und
Benkowitz und erörterte im Anschluss daran die Auf-
gabe des Kritikers, der eine würdige und für die Wissen-
schaft fruchtbare Betrachtung des Klopstockischen Ge-
dichtes anstellen wollte (Böckings Ausgabe, XI 153—162).
Sein Bruder Friedrich Schlegel fällte erst 1812 in
seinen Vorlesungen über die Geschichte der alten und
neuen Litteratur ein ausführlicher motiviertes Urteil über
die Messiade (Sämmtliche Werke, Wien 1822, II 258 ff.).
Schärfer, doch nicht immer ganz zutreffend, hatte Jean
Paul schon 1804 in der 'Vorschule der Aesthetik' das
Hauptwerk der neueren deutschen Epik recensiert (Sämmt-
liche Werke 1861, XVIII 241 f.).

Die Romantiker ebenso wie Jean Paul hatten in
ihrem eignen Bildungsgange nie den unmittelbaren
Einfluss Klopstockischer Poesie erfahren. Die historische
Bedeutung Klopstocks hatte sich ihnen persönlich in
ihrem Leben niemals aufgedrängt. Die einzelnen Werke
des Dichters betrachteten sie nur unter ästhetischen
Gesichtspunkten, während sie die Gesammtheit der
Litteratur in ihrem geschichtlichen Zusammenhange zu
fassen versuchten. Das ästhetische Urteil konnte aber
über die Messiade im grossen und ganzen nur ungünstig
ausfallen. Damit sind freilich die schroffen Worte

Ludwig Tiecks noch nicht gerechtfertigt, der in dem
'Messias' bei fünfmaligem Lesen nur wenig Poesie zu
finden vermocht hatte (Brief an Solger vom 17. De-
zember 1818 in Solgers nachgelassenen Schriften und
Briefwechsel, 1826, I 695; vgl. ferner 'Ludwig Tieck.
Erinnerungen aus dem Leben des Dichters nach dessen
mündlichen und schriftlichen Mitteilungen von Rudolf
Köpke.' 1855. II 180 ff.).

Auch Hegel urteilte streng über die Messiade im
ganzen. Aber sein Tadel war vollkommen berechtigt;
denn Hegel ging von der reinsten Form des Epos aus,
wie sie sich uns in den Homerischen Gedichten dar-
stellt. Prüfend verglich er mit ihnen Klopstocks Werke
in seinen Vorlesungen über die Aesthetik (herausgegeben
von H. G. Hotho in der vollständigen Sammlung von
Hegels Schriften, welche Marheineke, Schulze, Gans,
v. Henning, Hotho, Michelet und Förster besorgten,
Berlin 1838, Band X Abteilung III S. 372 ff., 416,
in dem Abschnitt über die epische Poesie).[1]

Indessen hatte Klopstock selbst sich bereits wieder-
holt, zuletzt 1801, in Briefen an C. A. H. Clodius über
die Natur der Handlung im 'Messias' erklärt. Zwei
kurze Aufsätze dieses Inhalts erschienen 1810 zu Ham-
burg im Juliheft des 'Vaterländischen Museums' gedruckt
und wurden 1821 von Clodius in den zweiten Band
seiner 'Auswahl aus Klopstocks nachgelassenem Brief-
wechsel und übrigen Papieren' aufgenommen. Einen
Bericht über die Entstehung der Messiade nach den
Aufschlüssen, die Klopstock 1791 einem persönlichen
Bekannten mündlich erteilt hatte, brachten die Er-
gänzungsblätter zur hallischen allgemeinen Litteratur-
zeitung vom Mai 1827 (Nr. 51).

Vom historischen Standpunkt aus wurde Klopstock

---

[1] Hegels ästhetische Kritik wurde in demselben Sinne
1857 wieder aufgenommen von Friedrich Theodor Vischer
im dritten Teil seiner 'Aesthetik' (Heft V S. 1303 f.).

erst betrachtet, nachdem fast vier Jahrzehnte seit seinem
Tode verflossen waren. Gervinus handelte 1840 ein-
gehend und unbefangen über die Messiade in einem ge-
haltreichen Kapitel seiner 'Geschichte der deutschen
Dichtung' (4. Auflage, Bd. IV S. 115 ff., 121 ff.),
dessen Resultate im allgemeinen noch jetzt gelten können.
Seinem Vorgange folgten die Verfasser unserer besseren
Litteraturgeschichten. Den 'Messias' speciell machte
G. E. Guhrauer im Oktober 1848 zum Gegenstand eines
die ästhetische und historische Kritik glücklich ver-
bindenden Vortrages in der vaterländischen Gesellschaft
zu Breslau, der 1849 im Juliheft der Zeitschrift 'Mi-
nerva' (herausgegeben von Friedrich Bran, Bd. 231
S. 1—55) gedruckt wurde. Leidenschaftlich gegen Klop-
stock trat ziemlich zur gleichen Zeit der geistvolle und
wissensreiche Th. W. Danzel auf, weniger noch in seiner
ersten Schrift über Gottsched und seine Zeit (Leipzig
1848, S. 357 ff.) als zwei Jahre später in seinem Werk
über Lessing (Bd. I S. 207 ff., 393 ff., 493 etc.). Ge-
rechter urteilte Johann Wilhelm Loebell. In seinen
Vorträgen über 'Die Entwickelung der deutschen Poesie
von Klopstocks erstem Auftreten bis zu Goethes Tode'
(Braunschweig 1856) äusserte er manche feinsinnige
Bemerkung über Klopstock und sein Lebenswerk (Bd. I
S. 105 ff., 188 ff., 216 ff.). David Friedrich Strauss
behandelte in seinem gründlichen Aufsatz über Klop-
stocks Jugendgeschichte (1866 im zweiten Teil seiner
'Kleinen Schriften', wieder gedruckt 1878 in den 'Ge-
sammelten Schriften', Bd. X) ausführlich die Entstehung
und Publikation der ersten Gesänge des 'Messias'. Zu
einer eindringenden Betrachtung des Werkes nach ästhe-
tischen und historischen Rücksichten gelangte er nicht
mehr; nur Ansätze dazu versuchte er (X 47 ff., 135 ff.).

In neuester Zeit hat sich vornehmlich Richard Hamel
mit der Messiade beschäftigt. Seine noch nicht ab-
geschlossenen Untersuchungen darüber sind oft apho-
ristisch, nicht immer streng methodisch und leider wenig

übersichtlich, zeugen aber von dem emsigsten Fleiss und
der genauesten Kenntnis des Klopstockischen Werkes.
Wie in letzterer Hinsicht Hamel alle Mitforscher weit
übertrifft, so sind seine Arbeiten für jeden unentbehr-
lich, der ein wahrhaft eindringendes Studium des Ge-
dichtes anstrebt. Bis jetzt sind davon erschienen: 'Zur
Textgeschichte des Klopstock'schen Messias', Rostock 1879
(als erstes Heft der 'Klopstock-Studien' später gerechnet);
'Klopstock-Studien', zweites und drittes Heft, Rostock
1880. Erich Schmidts Aufsätze über Klopstock ('Im
neuen Reich' 1881, Nr. 2 und 3) enthalten in aller
Kürze die eine oder andere Notiz, welche dazu dienen
mag, eine kritisch-historische Erkenntnis der Messiade
zu fördern. Zum Schlusse bin ich genötigt, nicht nur
meine Schrift über 'Lessings persönliches und litterarisches
Verhältnis zu Klopstock' (Frankfurt a. M. 1880, S. 13 ff.,
24 ff., 74 ff., 121 ff. etc.) zu erwähnen, sondern ich
muss auch auf eine umfangreichere Monographie über
Klopstocks Leben und Wirken, die ich in Jahresfrist
zu vollenden hoffe, hindeuten, weil ich bereits im Laufe
dieser Einleitung einiges, was ich dort erst im einzelnen
zu erweisen gedenke, kurz vorweggenommen habe. —

Der Druck der drei ersten Gesänge in den 'Bremer
Beiträgen' ist ziemlich korrekt. Nur die im allgemeinen
ebenfalls streng geregelte Interpunktion ist an mehreren
Stellen unrichtig, so dass hier eine Abweichung von der
Originalausgabe geboten schien. So habe ich in folgenden
Versen ein Komma des ersten Druckes gestrichen:
I 333 nach eröffnet | I 408 nach euch | II 224 nach
Bäumen | II 662 nach nannten ihn | II 679 nach Theil |
III 375 nach Haupthaar | III 547 nach Stunden | III 580
nach Schritten. Den Punkt III 342 nach Frühlingslüfte
verwandelte ich in ein Komma. Hinzugefügt habe ich
ein im Originaldruck fehlendes Komma I 162 nach Gott-
heit | I 163 nach Mittlers | I 374 nach Christen | I 595
nach Gefilde | I 666 nach Schatten | II 20 nach Men-

ſchen | II 139 nach wieder | II 207 nach Leben | II 240
nach Antlitz | II 359 nach Hölle | II 371 nach Bewohner
II 842 nach Geſtirne | III 46 nach Thränen | III 143
nach unten | III 156 nach Orion | III 237 nach Buntes |
III 318 nach Empfindung | III 665 nach Geſichte | III 672
nach vermuthet. Den fehlenden Punkt nach reden II
698 habe ich ergänzt, desgleichen dem falſch geſetzten
Komma II 658 umarme, mich göttlicher Freund die richtige
Stelle angewieſen. Sonst änderte ich I 167 Freude in
Freuden | II 72 kein Geſchöpfe in keine Geſchöpfe | II 693
vollkommen in vollkommnen | II 847 von mir in vor mir |
III 177 weißt in in weißt ja | III 248 Dann in Denn |
III 525 verbreiteten in verbreitetem; III 40 korrigierte
ich die Schreibung Sabbahtſtille, trennte III 690 die
irrtümlich verbundenen Wörter aufſchwimmende und er-
gänzte III 729 das beim Druck ausgefallene e in ſ rne.
Selbstverständlich verglich ich bei diesen Korrekturen
stets die späteren Originalausgaben des 'Messias'. Da-
bei fand es sich, dass von den Druckfehlern der Aus-
gabe von 1748 viele schon 1751, fast alle 1755 ver-
bessert wurden. Ein paar Male ist in den 'Bremer
Beiträgen' u und u verwechselt, was ich stillschweigend
berichtigte. Dagegen hielt ich mich nicht für befugt,
das Schwanken der Schreibung zwischen U und Ue
(= Ue) zu regeln, obwohl in der ersten Hälfte des
Druckes (etwa bis II 300) nahezu regelmässig Uber,
Uberall etc., in der zweiten Hälfte ziemlich eben so
konsequent Ueber etc. gesetzt ist.

München, im Februar 1883.

Franz Muncker.

Der Messias

erster zweiter und dritter Gesang

aus

Neue Beyträge

zum

Vergnügen

des

Verstandes und Witzes.

Vierter Band, viertes und fünftes Stück.

Bremen und Leipzig,

Verlegts Nathanael Saurmann.

1748.

Der Messias.

Erster Gesang.

Sing, unsterbliche Seele, der sündigen Menschen Erlösung,
Die der Messias auf Erden in seiner Menschheit vollendet,
Und durch die er Adams Geschlechte die Liebe der Gottheit
Mit dem Blute des heiligen Bundes von neuem geschenkt hat.
Also geschah des Ewigen Wille. Vergebens erhub sich   5
Satan wider den göttlichen Sohn; umsonst stand Judäa
Wider ihn auf; er thats, und vollbrachte die grosse Versöhnung.

Aber, o Werk, das nur GOtt allgegenwärtig erkennet,
Darf sich die Dichtkunst auch wohl aus dunkler Ferne dir nähern?
Weihe sie, Geist Schöpfer, vor dem ich im stillen hier bete;   10
[244] Führe sie mir, als deine Nachahmerinn, voller Entzückung,
Voll unsterblicher Kraft, in verklärter Schönheit, entgegen.
Rüste sie mit jener tiefsinnigen einsamen Weisheit,
Mit der du, forschender Geist, die Tiefen GOttes durchschauest;
Also werd ich durch sie Licht und Offenbarungen sehen,   15
Und die Erlösung des grossen Messias würdig besingen.

Sterbliche, kennt ihr die Ehre, die euer Geschlechte verherrlicht,
Da der Schöpfer der Welt, als Erlöser, auf Erden gekommen:
So hört meinen Gesang, ihr besonders, ihr wenigen Edlen,
Theure gesellige Freunde des liebenswürdigen Mittlers,   20
Ihr mit der Zukunft des grossen Gerichts vertrauliche Seelen,
Hört mich, und singt den ewigen Sohn durch ein göttliches
                                                        Leben.

1*

Nah an der heiligen Stadt, die sich itzt durch Blindheit ent=
weihte,
Und die Krone der hohen Erwählung unwissend hinwegwarf,
25 Ehmals die Stadt der Herrlichkeit GOttes, der heiligen Väter
Pflegerinn, nun ein Altar des Bluts von Mördern vergossen;
Hier wars, wo der Messias von einem Volke sich losriß,
[245] Das ihn zwar itzo verehrte, doch nicht mit jener Gemüthsart,
Die vorm schauenden Angesicht GOttes untadelhaft bleibet.
30 JEsus verbarg sich vor diesen Entweihten. Zwar lagen hier
Palmen
Des ihm begegnenden Volks; zwar klang dort ihr lautes Hosanna;
Aber umsonst. Sie kannten den nicht, den sie König nannten,
Und den Gesegneten GOttes zu sehn, war ihr Auge zu dunkel.
GOtt kam selber vom Himmel herab. Die gewaltige Stimme:
35 Er ist verherrlicht, und soll von neuem verherrlichet werden!
War die Verkündigerinn der gegenwärtigen Gottheit.
Doch sie waren, dich, GOtt, zu verstehn, zu niedrige Sünder.
Unterdeß nahte sich JEsus dem Vater, der wegen des Volkes,
Zu dem die Stimme geschah, voll Zorn zum Himmel hinaufstieg.
40 Vor ihm wollt er noch einmal sein göttlich freyes Entschliessen,
Seine Geliebten, die Menschen, zu heiligen, feyerlich kund thun.

Gegen die östliche Seite Jerusalems liegt ein Gebirge,
Welches schon oft den göttlichen Mittler auf seinen Gipfeln,
[246] Wie ins Heilige GOttes, verhüllt, wenn er einsame Nächte
45 Unter dem Anschaun des Vaters in grossen Gebeten durchwachte.
Nach dem Gebirge begab er sich itzt. Johannes alleine
Folgt ihm bis zu den Gräbern der Seher, in heiligen Grotten,
Wie sein göttlicher Freund, die Nacht im Gebete zu bleiben.
Von da erhub sich der Mittler zur obersten Spitze des Berges.
50 Indem umgab ihn vom hohen Moria ein Schimmer der Opfer,
Die den ewigen Vater noch itzt vorbildend versöhnten.
Um und um nahm ihn der Oelbaum ins Kühle. Gelindere
Lüfte,
Gleich dem Säuseln der Gegenwart GOttes, umflossen sein
Antlitz.
Der dem Messias auf Erden zum Dienste gegebene Seraph,

Gabriel ist sein himmlischer Name, stand eben am Eingang ⁵⁵
Zweer umbusteten Cedern, und dachte dem Heile der Menschen
Und dem Triumphe der Ewigkeit nach, als itzt der Erlöser
Seinem Vater entgegen vor ihm im stillen vorbeygieng.
Gabriel wuste, daß nun die Zeit der Erlösung herankam.
Diese Betrachtung entzückt ihn, er sprach mit zärtlicher Stimme: ⁶⁰
[247] Willst du die Nacht, o Göttlicher, hier im Gebete durch-
                                wachen?
Oder verlangt dein ermüdeter Leib nach seiner Erquickung?
Soll ich zu deinem unsterblichen Haupt ein Lager bereiten?
Sieh, itzt streckt schon der Sprößling der Ceder den grünenden
                                Arm aus,
Und die weiche balsamische Staude. Beym Grabmal der Seher ⁶⁵
Wächst dort unten das ruhige Moos im kühlenden Erdreich.
Soll ich hieraus, o Göttlicher, dir ein Lager bereiten?
Wie ist dein Leib, o Erlöser, ermüdet! Wie vieles erträgst du
Hier auf Erden aus brünstiger Liebe zum Menschengeschlechte!

Also sagt er. Der Mittler belohnt ihn mit segnenden Blicken, ⁷⁰
Und stand voll Ernst auf der Höhe des Bergs am benachbarten
                                Himmel.
GOtt war daselbst. Hier betet er. Unter ihm tönte die Erde,
Und ein wandelndes Jauchzen durchdrang die Pforten der Tiefen,
Als sie von ihm die gewaltige Stimme tief unten vernahmen.
Denn es war nicht mehr die Stimme des Fluchs, die Stimme
                                von Stürmen ⁷⁵
Furchtbar verkündiget, und in donnernden Wettern gesprochen,
Die die Erde vernahm. Sie hörte des Segnenden Rede,
[248] Der mit unsterblicher Schöne sie einst zu verneuen beschloßen.
Um und um lagen die Hügel in lieblicher Abenddämmrung,
Gleich als wären sie schon neuerschaffen, und blühend, wie Eden. ⁸⁰
JEsus redte. Nur er und der Vater durchschauten den Inhalt,
Unbegränzt: Dieß nur vermag die Stimme des Menschen zu
                                sprechen:

Göttlicher Vater, die Tage des Heils und des ewigen Bundes
Nähern sich mir, die Tage, zu größern Werken erlesen,

85 Als selbst die Schöpfung, die du durch deinen Sohn ehmals
vollbrachtest.
Sie verklären sich mir so schön und herrlich, als damals,
Da wir die Reihe der Zeiten durchschauten, und sie in der Zu-
kunft,
Durch mein göttliches Anschaun vorzüglich bezeichnet, erblickten.
Dir nur ist es bekannt, mit was für Einmuth wir damals,
90 Du, mein Vater, und ich, und der Geist die Erlösung be-
schlossen.
In der Stille der Ewigkeit, einsam, und ohne Geschöpfe,
Waren wir beysammen. Voll unsrer göttlichen Liebe,
Sahen wir auf Menschen, die noch nicht waren, herunter.
Ach das arme Geschlecht! Ach unsre Geschöpfe, wie elend
95 Waren sie, sonst unsterblich, nun Staub, von der Sünde ver-
stellet!
Vater, ich sah ihr Elend, du meine Thränen. Da sprachst du:
[249] Laßt uns das Bild der Gottheit von neuem im Menschen
erschaffen!
Also erfanden wir unser Geheimniß, das Blut der Versöhnung,
Und die zum ewigen Bilde verneuerte Schöpfung der Menschen.
100 Hier erkohr ich mich selbst, dieß göttliche Werk zu vollenden.
Ewiger Vater, das weißst du, das wissen die Himmel, wie
brünstig
Mich seit diesem Entschluß nach meiner Erniedrung verlangte!
Erde, wie oft warst du, in deiner niedrigen Ferne,
Mein erwähltes geliebtestes Augenmerk! Und du, o Canan,
105 Heiliges Land, wie oft hieng mein sanftthränendes Auge
An dem Hügel, den ich vom Blute des Bundes schon voll sah.
Und, o wie bebt mir mein Herz von süßen wallenden Freuden,
Daß ich so lange schon Mensch bin, daß schon so viele Gerechte
Zu mir sich sammeln, und nun bald alle Geschlechte der
Menschen
110 Durch mich geheiliget werden! Hier lieg ich, göttlicher Vater,
Noch mit den Zügen der Menschheit, nach deinem Bilde, ge-
zieret,
Betend vor dir: Bald aber wird mich dein tödtend Gerichte
Blutig entstellen, und unter den Staub der Todten begraben.

[250] Schon hör ich dich, du Richter der Welt, allein und von ferne
Kommen, und unerbittlich in deinen Himmeln dahergehn. 115
Schon durchdringt mich ein Schauer, dem ganzen Geister-
geschlechte
Unempfindbar; und wenn du sie auch im grimmigen Zorne
Tödtetest, unempfindbar! Schon seh ich den nächtlichen Garten
Vor mir liegen, schon sink ich vor dir in niedrigen Staub hin,
Lieg, und bet, und winde mich, Vater, im Todesschweiße. 120
Siehe, da bin ich, mein Vater. Ich will dein grimmiges
Zürnen,
Deine Gerichte will ich mit tiefem Gehorsam ertragen.
Du bist ewig! Kein endlicher Geist hat das Zürnen der
Gottheit,
Und den Unendlichen furchtbar und tödtend, gedacht und em-
pfunden.
GOtt nur konnte die Gottheit ertragen. Hier bin ich, mein
Vater, 125
Tödte du mich, nimm mein ewiges Opfer zu deiner Versöhnung.
Noch bin ich frey, noch kann ich dich bitten, so thut sich der
Himmel
Mit Myriaden von Seraphim auf, und führet mich jauchzend,
Vater, zu deinem unsterblichen Thron im Triumphe zurücke.
Aber ich will leiden, was keine Seraphim fassen, 130
[251] Was kein denkender Cherub in tiefen Betrachtungen ein-
sieht;
Ich will leiden, den furchtbarsten Tod will ich Ewiger leiden!
Weiter sagt er und sprach: Ich hebe gen Himmel mein Haupt auf,
Meine Hand in die Wolken, und schwöre dir bey mir selber,
Der ich GOtt bin, wie du: Ich will die Menschen erlösen! 135

JEsus sprachs, und stand auf, und in seinem Antlitz war
Hoheit,
Und erbarmender Ernst, und Seelenruh, als er vor GOtt stand.

Und, unhörbar den Engeln, nur sich und dem Sohne ver-
nommen,
Sprach der ewige Vater, und wandte sein ernstes Gesichte

140 Gegen den Messias: Ich breite mein Haupt durch die Himmel,
Meinen Arm durch die Unendlichkeit aus, und sag: Ich bin
ewig!
Sag, und schwöre dir, Sohn: Ich will die Sünde vergeben!

Also sprach er, und schwieg. Indem die Ewigen sprachen,
Gieng durch die ganze Natur ein ehrfurchtvolles Erbeben.
145 Seelen, die itzt wurden, die noch nicht zu denken begonnen,
[252] Zitterten, und empfanden zuerst. Ein gewaltiger Schauer
Faßte den Seraph, ihm schlug sein Herz, und um ihn lag
wartend,
Wie vorm nahen Gewitter die Erde, sein furchtsamer Weltkreis.
Nur in die Seelen zukünftiger Christen kam sanftes Entzücken,
150 Und ein süßbetäubend Gefühl des ewigen Lebens.
Aber sinnlos, und nur zur Verzweiflung allein noch empfindlich,
Sinnlos, wider GOtt was zu denken, entstürzten im Abgrund
Ihren Thronen die höllischen Geister. Als jeder dahinsank,
Stürzt auf jeden ein Fels, brach unter jedem die Tiefe
155 Ungestüm ein, und donnernd erklang die unterste Hölle.

JEsus stand noch vor GOtt, und die Leiden seiner Erlösung
Fiengen itzt an. Und Gabriel lag auf seinem Gesichte
Fern und anbetend, von neuen Gedanken gewaltig erhoben.
Seit den Jahrhunderten, die er durchlebt, (so lang als die
Seele
160 Sich die Unendlichkeit denkt, wenn sie sich in feurigem Fluge
Wie aus dem Körper verliert,) seit diesen Jahrhunderten hatt er
So erhabne Gedanken noch nie empfunden. Die Gottheit,
[253] Ihre Versöhnten, die ewige Liebe des göttlichen Mittlers,
Alles eröffnet sich ihm. GOtt bildete diese Gedanken
165 In dem Geiste des Seraphs. GOtt selber dachte sich itzo,
Als den Erbarmer erschaffener Wesen. Der Seraph erhub sich,
Stand, und erstaunt, und betet, und unaussprechliche Freuden
Zitterten durch sein Herz, und Licht und blendendes Glänzen
Gieng von ihm aus. Die Erde zerfloß in himmlischem Schimmer
170 Unter ihm, wie es ihm vorkam. Ihn sah der göttliche Mittler,
Wie er den Gipfel des ganzen Gebirges mit Klarheit erfüllte.

Gabriel, rief er, verhülle dich itzt, du dienſt mir auf Erden.
Mach dich auf, dieß Gebet vor meinen Vater zu bringen,
Daß die edelſten unter den Menſchen, die ſeeligen Väter,
Daß der verſammelte Himmel der Zeiten Fülle vernehme,   175
Nach der er ſich ſo brünſtig geſehnt. Hier kannſt du mit Glanze,
Als der Geſandte des hohen Meſſias, vor GOtt erſcheinen.

Schweigend, mit göttlich erheiterten Minen, erhub ſich der
            Seraph.
JEſus ſah ihm in Niedrigkeit nach, doch erblickt er von ferne
[254] Schon ſein ganzes Betragen vorm Sitze der Herrlichkeit
            GOttes,   180
Eh noch der eilende Seraph des Himmels Gränzen erreichte.

Itzo erhuben ſich neue geheimnißvolle Geſpräche
Zwiſchen ihm und dem Vater, von hohem tiefſinnigen Inhalt,
Selbſt Unſterblichen dunkel, Geſpräche von Dingen, die künftig
GOttes Erlöſung vor allen Erlöſten verherrlichen werden.   185

Unterdeß war der Seraph zur äuſſerſten Gränze des Himmels
Aufwärts geſtiegen. Hier füllen nur Sonnen den heiligen
            Umkreis.
Hell, gleich einem vom Lichte gewebten ätheriſchen Vorhang
Zieht ſich ihr Glanz um den Himmel herum. Kein dunkler
            Planete
Naht ſich des Himmels verderbendem Blick. Entfliehend und ferne   190
Geht die bewölkte Natur vorüber: die Erden fliehn mit ihr
Klein und unmerkbar dahin, wie unter dem Fuſſe des Wandrers
Niedriger Staub, von Gewürmen bewohnt, aufwallet und
            hinſinkt.
Um den Himmel herum ſind tauſend offene Wege,
Lange, nicht auszuſehende Wege, von Sonnen umgeben.   195
[255] Hier ſchöpft mit goldnen Schalen der Seraph das feſtliche
            Feuer,
Welches ſein fliegendes Haupthaar umfließt, wenn er ſchnell
            von GOtt eilt,
Und als Schutzgeiſt zu einer unſterblichen Seele geſandt wird,

Die, dem Geschlecht der Menschen zur Ehre, vom Schöpfer
gebildet
200 Jugendlich wächst, und voll Muth sich vor ihre Gespielinnen
vordrängt,
Und schon erhabner und göttlicher fühlt. Auch verklärt hier
die Seele
Ihren von Luft nach dem Tode zusammengeflossenen Körper.

Durch den glänzenden Weg, der gegen die Erde sich kehret,
Floß, nach der Erden Erschaffung, vom himmlischen Urquell
entspringend,
205 Ein verklärter ätherischer Strom nach Eden herunter.
Auf ihm, oder an seinem von Wolken erhobnen Gestade,
Kam dazumal bald Engel bald GOtt, zum vertraulichen
Umgang,
Zu den Menschen. Doch schnell ward der Strom zurücke ge-
rufen,
Als sich durch Sünde der Mensch von GOttes Freundschaft
entfernte.
210 Denn die Unsterblichen wollten nicht mehr, in sichtbarer Schön-
heit,
Gegenden, die die Verwüstung des Todes entstellte, besuchen.
[256] Damals wandten sie schauernd sich weg. Denn die stillen
Gebirge,
Wo noch die Spur des Ewigen war; die rauschenden Hayne,
Die das Säuseln der Gegenwart GOttes sonst sanft beseelte;
215 Seelige friedsame Thäler, vordem von der Jugend des Himmels
Liebreich besucht; die schattichten Lauben, wo ehmals die
Menschen,
Uberwallend von Freuden und süßen Empfindungen, weinten,
Daß sie GOtt ewig erschuf; Die Erde lag unter dem Fluche,
Ihren vordem unsterblichen Kindern ein allgemein Grabmal.
220 Aber dereinst, wenn sich die Weltgebäude verjüngen,
Und aus der Asche des grossen Gerichts triumphirend her-
vorgehn,
Wenn GOtt alle Bezirke der Welten mit seinem Himmel
Durch gleich allgegenwärtiges Anschaun zusammen vereinbart,

Alsdann wird der ätherische Strom vom himmlischen Urquell
Wieder mit hellerer Schöne zum neuen Eden sich senken   225
Niemals wird dann sein Gestade von hohen Versammlungen
                         leer seyn,
Die auf Erden den Umgang der neuen Unsterblichen suchen.

[257] Dieß ist der heilige Weg, durch den itzt Gabriel fortgieng,
Und sich von fern dem Himmel der göttlichen Herrlichkeit nahte.

Mitten in dieser Versammlung der Sonnen erhebt sich der
                         Himmel,   230
Rund, unermeßlich, das Urbild der Welten, die Fülle
Aller sichtbaren Schönheit, die sich, gleich flüchtigen Bächen,
Um ihn, durch den unendlichen Raum nachahmend ergießet.
Also dreht er sich, unter dem Ewigen, um sich selber.
Indem er wandelt, ertönen von ihm, auf Flügeln der Winde, 235
An die Gestade der Sonnen die sphärischen Harmonien
Hoch hinüber. Die Lieder der göttlichen Harfenspieler
Schallen mit Macht, wie beseelend, darein. Dieß vereinbarte
                         Tönen
Führt vorm unsterblichen Hörer manch hohes Loblied vorüber.
Wie sich sein freudiger Blick an seinen Werken ergötzet,   240
Also vergnügte sein göttliches Ohr itzt dies hohe Getöne.

Die du himmlische Lieder mich lehrst, Gespielinn der Engel,
Seherinn GOttes, du Hörerinn hoher unsterblicher Stimmen,
Melde mir, Muse von Tabor, das Lied, das die Himmel
                         itzt sangen.

[258] Sey uns gegrüsset, du heiliges Land der Erscheinungen
                         GOttes!   245
Hier erblicken wir GOtt, wie er ist, wie er war, wie er seyn
                         wird,
Siehe, den Seeligen ohne Verhüllung, frey, ohne die Dämmrung
Fern nachahmender Welten. Dich schauen wir in der Ver-
                         sammlung
Deiner Erlösten, die du des seeligen Anblicks auch würdigst.

250 Wie unendlich vollkommen bist du! Zwar nennt dich der
                             Himmel,
Und der Unaussprechliche wird Jehova geheissen!
Unsere Lieder, von Schwung und Harmonien begeistert,
Suchen dein Bild; doch umsonst. Auf deine Verklärung ge-
                             richtet,
Können Gedanken sich nur von deiner Gottheit besprechen.
255 Ewiger, du bist allein in deiner Grösse vollkommen!
Jeder Gedanke, mit dem du dein herrliches Wesen durchschauest,
Ist viel erhabner und heiliger, als die stille Betrachtung,
Auf erschaffene Dinge von dir hernieder gelassen.
Dennoch entschlossest du dich, auch ausser dir Wesen zu sehen,
260 Und auf sie dein beseelendes Hauchen hernieder zu lassen.
Erst erschufst du den Himmel, dann uns, des Himmels Be-
                           wohner.
Fern wart ihr damals von eurer Geburt, du jüngerer Erdkreis,
Und du Sonn, und du Mond, der seligen Erde Gefährten.

[259] Erstgebohrner der Schöpfung, wie war dir bey deinem
                           Hervorgehn?
265 Da, nach undenklicher Ewigkeit, Gott zu dir sich herabließ,
Und dich zum heiligen Wohnplatz von seiner Herrlichkeit weihte.
Dein unermeßlicher Kreis, zum neuen Daseyn gerufen,
Formte sich noch in seine Gestalt; die schaffende Stimme
Wandelte noch mit dem ersten Getöse krystallener Meere;
270 Ihre gleich irdischen Welten zusammengebirgten Gestade
Hörten sie, doch kein Unsterblicher nicht: Da standest du,
                           Schöpfer,
Auf dem neuen erhabenen Throne dich selber betrachtend,
Einsam und ernst. O jauchzet der denkenden Gottheit ent-
                           gegen!
Damals, ja damals erschuf er euch, Seraphim, Geistergeschöpfe,
275 Voll von Gedanken, voll mächtiger Kräfte, des Ewigen Bildung,
Die er in euch von ihm selber erschafft, anbetend zu fassen.
Halleluja, ein feyrendes Halleluja, o Erster,
Sey dir von uns unaufhörlich gesungen! Zur Einsamkeit
                           sprachst du:

Sey nicht mehr! Und zu den Wesen: Entwickelt euch,
Halleluja!

Unter dem Liede, das, nach dem erhabenen Dreymalheilig, 280
Allzeit gesungen wird, hatte des Mittlers hoher Gesandte
[260] Eine der nächsten Sonnen am Himmel helleuchtend betreten.
Uberall schweigen die Seraphim itzt, und feyren den Anblick,
Mit dem der ewige Vater ihr heiliges Loblied belohnte.
Indem erschien der Seraph auf dieser Sonne dem Himmel. 285
GOtt sah ihn an, der Himmel mit GOtt. Er betete knieend.
Zweymal die Zeit, in welcher ein Cherub den Namen Jehova,
Und das anbetende Dreymalheilig der Ewigkeit ausspricht,
Ward er des Anschauns der Gottheit gewürdigt.   Drauf
kam ihm der Thronen
Erstgebohrner, ihn feyrlich vor GOtt zu führen, entgegen. 290
GOtt nennt ihn seinen Geliebten; der Himmel Eloa.   Vor
allen,
Die GOtt erschuf, ist er groß, der nächste dem Unerschaffnen.
Denkt er, so ist ein Gedanke von ihm so schön, als die Seele,
Als die ganze Seele des Menschen von Staube gebildet,
Wenn sie, ihrer Unsterblichkeit würdig, gedankenvoll nachsinnt. 295
Sein umschauender Blick ist schöner, als Frühlingsmorgen,
Lieblicher als die Gestirne, da sie vorm Throne des Schöpfers
Jugendlich neu, und voll Licht, mit ihren Tagen, vorbeyflohn.
[261] GOtt schuf ihn erst. Aus einer helleuchtenden Morgenröthe
Schuf er ihm einen ätherischen Leib. Ein Himmel von Wolken 300
Floß um ihn, da er wurde: GOtt hub ihn mit offenen Armen
Aus den Wolken, und sagt ihm segnend: Da bin ich, Erschaffner!
Seraph Eloa sah itzt auf einmal den Ewigen vor sich,
Schaut ihn entzückungsvoll an, und stand, und schaut ihn
begeistert
Wiederum an, und sank, verloren in GOttes Anblick. 305
Endlich redt er, und sagte dem Ewigen alle Gedanken,
Die er empfand, die neuen unsterblichen Rührungen alle,
Die sein grosses Herz durchwallten. Erst werden die Welten
Alle vergehn, und neu aus ihrem Staube sich schwingen,
Ganze Jahrhunderte werden dann erst in die Ewigkeit eingehn, 310

Eh der erhabenste Christ so göttliche Rührungen fühlet.

Jtzt kam Eloa von seinem Sitze zum Engel des Mittlers
Auf neu erwachenden Strahlen in seiner Schönheit hernieder,
Ihn zum Altare des Mittlers zu führen.   Er gieng noch
von ferne,
315 Als er schon Gabriel kannte.   Wie groß war Eloa Ent=
zückung,
Von den Unsterblichen einen zu sehn, mit dem er vor diesem
[262] Alle Bezirke der Schöpfungen GOttes, und ihre Bewohner
Sah, und mit dem er unnachahmbarere Thaten vollführte,
Als das Geschlecht der Menschen mit seinen Edelsten ausübt.
320 Itzo verklärten sie sich schon liebreich gegen einander.
Schnell, mit brünstig eröffneten Armen, mit herzlichen Blicken
Eilten sie gegen einander.   Sie zitterten beyde vor Freuden.
Als sie sich umarmten.   Wie Brüder erzittern, die beyde
Tugendhaft sind, und beyde den Tod fürs Vaterland suchten,
325 Wenn sie, vom Heldenblute noch voll, sich nach ewigen Thaten
Wiedersehn, und sich vor ihrem noch göttlichern Vater umarmen.
GOtt sah sie fern, und segnete sie.   So giengen sie beyde,
Herrlicher noch durch die Freundschaft, dem himmlischen Thron
entgegen.
Also kamen sie weiter bis ans Allerheiligste GOttes.
330 Nah bey der Herrlichkeit GOttes, auf einem himmlischen
Berge,
Ruht des Allerheiligsten Nacht.   Ein lichthelles Glänzen
Wacht inwendig um GOttes Geheimniß.   Das heilige Dunkel
Deckt nur das Innre vorm Auge der Engel. Bisweilen eröffnet
GOtt den dämmernden Vorhang durch majestätische Donner
335 Vor dem Blicke der himmlischen Schauer.   Sie sehen, und
feyren.

[263] Itzo stand auf einmal, bey des Allerheiligsten Eingang,
Wie ein Berg GOttes, der Altar des Mittlers, vor Gabriels
Auge
Wolkenlos da.   Er sah ihn, und gieng, in festlicher Schönheit,
Priesterlich zum Altar, und trug zwo goldene Schalen

Voll vom heiligen Räuchwerk, und stand tiefsinnig am Altar. 340
Neben ihm stand Eloa, und rief aus seiner Harfe
Göttliche Töne, den opfernden Seraph zum hohen Gebete
Vorzubereiten. Der hört ihn, und durch die allmächtige Harfe
Hub sich sein Geist voll Andacht empor. Wie der Ocean auf-
                                                            wallt,
Wenn über ihm die Stimme des Herrn in Sturmwinden
                                                   wandelt. 345
Gabriel sah GOtt an, und sang mit mächtiger Stimme.
Nunmehr hörte der ewige Vater, es hörte der Himmel
Deine Gebete, Messias. GOtt selber zündte das Opfer
Wunderbar an; ein heiliger Rauch stieg mit dem Gebete
Still begleitend vom Altar; dann hub er sich weiter, und
                                                       wallte, 350
Wie von unsern Gebirgen ein ganzer Himmel, zu GOtt auf.
Bis itzt hatte GOtt stets die Erde nachdenkend betrachtet.
Denn sein Sohn besprach sich noch immer aus vollem Gemüthe
Mit ihm von der erhabenen Seligkeit seiner Erlösten.
Aber itzt füllte sein freundlicher Blick den Himmel von neuem. 355
[264] Jeder begegnete feyrend und still dem göttlichen Blicke.
Alles erwartet die Stimme des HErrn. Die himmlische Ceder
Rauscht itzt nicht, der Ocean schwieg am hohen Gestade.
GOttes geistiger Wind hielt zwischen den ehernen Bergen
Unbeweglich, und wartete mit verbreiteten Flügeln, 360
Auf die Herabkunft der göttlichen Stimmen. Ein Donnerwetter
Stieg, da er wartete, schnell, vom Allerheiligsten nieder.
Doch GOtt redte noch nicht. Die heiligen Donnerwetter
Waren Verkündiger einer annahenden göttlichen Antwort.
Als dieß geschah, that GOtt vorm Angesichte der Thronen 365
Offenbarend sein Heiligthum auf, den wartenden Himmel
Zu den hohen Gedanken des Ewigen vorzubereiten.
Und da wandte sich Urim voll Ernst, mit göttlichem Tiefsinn,
Cherub Urim, des ewigen Geistes vertraulichster Engel,
Zu dem hohen Eloa, und sprach: Was siehst du, Eloa? 370
Seraph Eloa stand auf, gieng langsam vorwärts, und sagte:

Dort an den goldenen Pfeilern, da sind labyrinthische Tafeln

Voll vom Schickſal; dann Bücher des Lebens, die unter dem
Hauche
Mächtiger Winde ſich öffnen, und Namen künftiger Chriſten,
375 Neue belohnende Namen, des Himmels Unſterblichkeit, aufthun.
[265] Wie ſich die Bücher des Weltgerichts hier, gleich wehenden
Fahnen
Kriegender Seraphim furchtbar eröffnen! Ein tödtender Anblick
Für die niedrigen Seelen, die wider GOtt ſich empörten!
O wie GOtt ſich enthüllt! ach, Urim, in heiliger Stille
380 Schimmern die Leuchter im Silbergewölt! So gebieret der
Morgen
Thau auf den Bergen, ſo glänzen die Erben der ewigen Kind=
ſchaft,
Tauſend bey tauſend, der wahren Gemeinen vorbildende Leuchter.
Zähle ſie, Urim, die heilige Zahl. Die Welten, ſprach Urim,
Tugenden, die Thaten der Geiſter, ſelbſt GOttes Gedanken,
385 Wenn er ſich, einen groſſen Tag, uns offenbarend eröffnet,
Sind uns zählbar: allein die Folgen der groſſen Erlöſung,
GOttes Erbarmungen nicht. Eloa ſprach weiter: Ich ſehe
GOttes Gerichtsſtuhl! Wie ſchrecklich biſt du, Weltrichter,
Meſſias!
Schau das Antlitz des hohen Gerichtsſtuhls! Es tödtet von
ferne!
390 Und die zur Rache gerüſtete Glut! Ein lebendiger Sturmwind
Wälzet die Räder in fliehenden Wolken. Ach ſchone, Meſſias,
Schone, Weltrichter, mit deinem Verderben von ferne bewaffnet!

[266] Alſo beſprachen Eloa und Urim ſich unter einander.
Siebenmal hatte der Donner das heilige Dunkel eröffnet,
395 Und die Stimme des Ewigen kam ſanftwandelnd hernieder:

GOtt iſt die Liebe. Der war ich vorm Daſeyn meiner Ge=
ſchöpfe;
Da ich die Welten erſchuf, war ich auch der; itzt, bey der
Vollendung
Meiner geheimſten erhabenſten That, bin ich eben derſelbe.
Schaut den Ewigen an, ihr vorerwählten Gerechten,

Heilige Kinder. Erkennet mein Herz, ihr wart mir das Liebste 400
Meiner Gedanken, als ich dem künftigen Heile nachdachte.
Euch hat herzlich verlangt, ich bin euer göttlicher Zeuge,
Endlich die Tage des Heils, und meinen Messias zu sehen.
Seyd mir gesegnet, ihr Kinder der Gottheit vom Geiste ge-
bohren!
Weinet nicht, Kinder, hier bin ich, ein Vater, das Wesen
der Wesen,   405
Siehe, der Erst und der Letzte, ein ewig treuer Erbarmer.
Der ich von Ewigkeit bin, den keine Geschöpfe begreifen,
Ich, die Gottheit, ich lasse zu euch mich väterlich nieder.
Dieser Bote des Friedens, von meinem Sohne gesendet,
Ist nur um eurentwillen zum hohen Altare gekommen.   410
Wäret ihr nicht zu Zeugen der grossen Erlösung erkohren,
O so hätten wir uns in entfernter Stille besprochen,
Einsam, geheim, unerforschlich. Doch ihr, mein theures Ge-
schlechte,
[267] Sollt die Tage mit Wonn und unsterblichem Jauchzen
vollenden!
Ich, und mein Himmel, wir wollen den ganzen verborgenen Umfang 415
Meiner Erlösung durchschaun, mit viel verklärteren Blicken
Wollen wir diese Geheimnisse sehn, als eures Erlösers
Fromme, weichmüthige Freunde, die noch in Dunkelheit irren,
Oder als seine verruchten Verfolger. Die hab ich schon lange
Aus den heiligen Büchern vertilgt; und meinen Erlösten   420
Send ich mein Licht, sie sollen nun bald das Blut der Ver-
söhnung
Nicht mehr mit weinendem Auge betrachten. Sie werden es
sehen,
Wie sich vor ihnen sein Strom ins ewige Leben verlieret.
Alsdann sollen sie hier, im Schoosse des Friedens getröstet,
Feste des Lichts und der ewigen Ruh triumphirend begehen. 425
Seraphim, und ihr Seelen, erlöste Väter des Mittlers,
Fangt ihr die Feste der Ewigkeit an. Sie sollen von itzo
Mit der Unendlichkeit dauern. Die heiligen Kinder der Erde
Werden sich allgemach alle zu euch vollendet versammeln,
Bis sie zusammen dereinst, mit neuen Leibern umgeben,

Nach vollbrachtem Gericht zu meiner Seligkeit kommen.
Unterdeß geht von mir aus, des hohen Thrones Bewohner,
[268] Meldet den Herrschern der Schöpfungen GOttes, daß
sie sich zur Feyrung
Dieser erwählten verehrungswürdigen Tage bereiten.
435 Und ihr Frommen des Menschengeschlechts, und ihr Väter
des Mittlers,
(Denn von jenem Gebein der Sterblichkeit, das ihr im Staube
Sterbend zurücke gelassen, entstammt der hohe Messias,
GOttes und Menschensohn,) auch euch ist die Freude bestimmet,
Die ich allein bey mir, mit meiner Gottheit Gedanken,
440 Ganz empfind; unsterbliche Seelen, auf, eilt zu der Sonne,
Welche den Kreis der Erlösung umleuchtet. Hier sollt ihr
von ferne
Eures Erlösers und Sohns Versöhnung und Thaten betrachten.
Laßt euch diesen Lichtweg hinab. Aus allen Bezirken
Sieht euch meine Natur mit verneuter Schönheit entgegen.
445 Denn ich der HErr will selbst, nach dieser Jahrhunderte
Kreislauf,
Einen Ruhetag GOttes, den zweyten erhabenen Sabbath,
Bey mir feyren. Der ist mir viel höher, als jener berühmte,
Jener von euch, ihr Geistergeschöpfe, seraphische Schaaren,
Heilig besungene Tag, den ihr, nach Vollendung der Welten,
450 Einst am Schöpfungsfeste begiengt. Ihr wißt es, o Geister,
[269] Wie sich die neue Natur, in liebenswürdiger Schöne,
Damals erhub, wie die Morgensterne mit eurer Gesellschaft
Vor mir, dem Schöpfer, sich neigten. Allein itzt soll mein
Messias,
Mein unsterblicher Sohn, viel grössere Werke vollenden.
455 Eilt, verkündigt dieß meinen Geschöpfen. Mein Sabbath
erhebt sich,
Itzt mit dem freyen Gehorsam und Leiden des grossen Messias.
Ich, der HErr, nenn ihn den Sabbath des Heils und des
ewigen Bundes.

GOtt sprachs. Uberall faltete noch die tiefe Verwundrung
Heilige Hände vor ihm. Stillschweigend sahe der Himmel

Zum Allerheiligsten GOttes hinauf.   Dem Gesandten des
                                            Mittlers   460
Winkte GOtt; da stieg er zur obersten Stufe des Thrones.
Allda empfieng er, an Uriel und die Beschützer der Erde
Wegen der Wunder beym Tode des Mittlers, geheime Befehle.

Unterdeß waren die Thronen von ihren Sitzen gestiegen.
Gabriel folgte.   Da er dem Altare der Erde sich nahte,   465
Hört er von fern aus den hohen Gewölben herwallende Seufzer,
Die mit weinendem Laut das Heil der Menschen verlangten,
[270] Und die der Opferpriester am Altar dem Ewigen brachte.
Dieß ist der Altar, von dem du, des neuen Bundes Prophete,
An dem Gestade der Patmus die himmlischen Bildungen sahest; 470
Hier wars, wo sich in hohen Gewölben der Märtyrer Stimme
Kläglich erhub; hier weinten die Seelen mit Thränen der Engel,
Daß der erhabene Richter den Tag der Rache verzögre.
Als itzt zu diesem Altare der Erde der Seraph hinabstieg,
Eilt ihm Adam, der Opferpriester am Altar, entgegen,   475
Nicht ungesehn; ein ätherischer Leib helleuchtend gebildet,
Hüllte den seligen Geist in eine verklärte Behausung.
Seine Gestalt war so schön, wie du vor des Schöpfers Gedanken
Göttliches Bild, als er Adam zu schaffen gedankenvoll da stand,
Und im gesegneten Schoosse der. paradiesischen Fluren   480
Unter ihm heiliges Erdreich zum werdenden Menschen sich
                                            loswand.
Also gebildet kam Adam zum Seraph.   Ein liebliches Lächeln
Machte sein Antlitz wie göttlich, er sprach mit verlangender
                                            Stimme:
Sey mir gegrüßet, begnadigter Seraph, du Friedens=Bote.
Da die Stimme von deiner erhabnen Gesandschaft erschallte, 485
Hub sich mein Geist jubilirend empor.   Du theurer Messias,
[271] Könnt ich dich auch in jener holdseligen menschlichen
                                            Schönheit,
Wie der Seraph hier, sehn! Ach in jener Gestalt der Erbarmung,
In der du mein gefallnes Geschlecht zu versöhnen beschlossen!
Führe du mich zu den göttlichen Fußstapfen meines Erlösers, 490
Meines Erlösers und Freundes, ich will ihn nur ferne begleiten!

2*

Ruheſtatt jenes Gebets, wo mein Mittler niedergefallen,
Dürft ich dich ſehn, und daſelbſt die zärtlichen Thränen hin-
weinen!
Ach, ich war ja vordem dein erſtgebohrner Bewohner,
495 Mütterlichs Land, o Erde, nach dir ſeh ich ſehnlich hernieder.
Deine vom Donnerworte des Fluchs zerſtörten Gefilde
Wären mir in der Geſellſchaft des Mittlers, den eben der Körper
Jenes Todes umhüllt, den ich dort im Staube zurückließ,
Lieblicher, als dein Gefilde nach himmliſchen Auen erſchaffen,
500 O Paradies, verlorner Himmel! So ſagt er voll Inbrunſt.

Deine Verlangen will ich, du Erſtling der Auserwählten,
Sprach der Seraph mit freundlicher Stimme, dem Mittler erzählen.
Iſt es ſein göttlicher Wille, ſo wird er dich zu ſich berufen,
Du wirſt ihn ſehn, wie er iſt, die erniederte Herrlichkeit GOttes.

505 [272] Indem hatten die göttlichen Engel den Himmel ver-
laſſen,
Und ſich überall ſchnell ins Weltgebäude vertheilet.
Gabriel nur kam allein zur ſeligen Erden hernieder,
Die der benachbarte Kreis vorübergehender Sterne
Still mit einem allgegenwärtigen Morgen begrüßte.
510 Ringsum erſchallten zugleich die neuen Namen der Erde.
Gabriel hörte die Namen: Du Königinn unter den Erden,
Augenmerk aller Geſchöpfe, vertrauteſte Freundinn des Himmels,
Anderer Wohnplatz der Herrlichkeit GOttes, unſterbliche Zeuginn
Jener geheimen erhabenen Thaten des groſſen Meſſias!
515 Alſo ertönte der Umkreis von engliſchen Stimmen belebet.
Gabriel hört es und kam mit verweilendem Fluge zur Erden.

Hier ſank Schlummer und Kühlung noch in die Thäler
hernieder,
Dunkle geſellige Wolken verhüllten noch ihre Gebirge.
Gabriel gieng in der Nacht, und ſuchte mit ſehnlichen Blicken
620 Seinen Meſſias. Er fand ihn in einem niedrigen Thale,
Das ſich zwiſchen den Gipfel des himmliſchen Oelbergs hinab-
ließ.

Hier war der göttliche Mittler, von tiefen Gedanken ermüdet,
Eingeschlafen. Natur, du mußtest zu seinem Haupte,
Also sagt er dir schlummernd, leichttragende Blumen erschaffen.
[273] Gabriel sahe den Mittler in süssem lustigen Schlafe, 525
Stand voll Verwunderung still, und sah unverwandt nach
                                           der Schönheit,
Die die vereinbarte Gottheit der menschlichen Bildung ertheilte.
Ruhige Liebe, die Züge des göttlichen Lächelns voll Gnade,
Huld und Milde, noch Thränen der zärtlichen treuen Er-
                                           barmung,
Zeigten den Geist des göttlichen Mittlers in seinem Gesichte; 530
Doch war sein Abdruck daselbst in Zügen des Schlafes ver-
                                           dunkelt.
Also sieht ein reisender Seraph der blühenden Erde
Halbunkenntliches Antlitz an Frühlingsabenden liegen,
Wenn der Abendstern schon am einsamen Himmel heraufgeht,
Und aus dämmernden Lauben den Weisen, ihn anzuschaun,
                                           herwinkt. 535
Endlich redte der Seraph nach langer Betrachtung und Stille.

O du, der du allwissend bist, sprach er mit zärtlicher Stimme,
Der du mich hörst, obgleich dein sterblicher Leib hier ruhet,
Deinen Befehlen hab ich mit getreuer Sorgfalt gehorchet.
Als ich dieß that, so eröffnete mir der Erste der Menschen, 540
Wie er dein Antlitz zu sehn, unsterblicher Mittler, sich sehne.
Itzo will ich, nach deines erhabenen Vaters Entschliessung,
[274] Gleich von hier, deine Versöhnung auch mit zu verherr-
                                           lichen, eilen.
Unterdeß schweigt hier, o nahe Geschöpfe! den flüchtigsten
                                           Anblick
Dieser hineilenden Zeit, da euer Schöpfer noch hier ist, 545
Müßt ihr für seliger, als viel lange Jahrhunderte halten,
Da ihr den Menschen mit reger sorgfältiger Aemsigkeit dienet.
Schweig, Getöse der Luft, in deinen aufrührischen Hölen,
Oder erhebe dich sanft mit stillem behutsamen Säuseln.
Und du, nahes Gewölk, o treufle du Segen und Wärme 550
Auf die kühlenden Schatten aus deinen Schössen herunter.

Rausche nicht, Ceder, schweig, heiliger Hain, vorm schlummern=
 den Schöpfer!

Also verlohr sich mit sorgsamem Ton die Stimme des
Seraphs.
Und drauf eilt er zu jener Versammlung der heiligen Wächter,
555 Die als Vertraute der Gottheit und ihrer verborgenen Vorsicht,
Mit ihm die Erde zugleich in geheimer Stille beherrschten.
Diesen sollt er noch itzt, vor seiner Erhebung zur Sonne,
Jenes Verlangen der seligen Geister, die nahe Versöhnung,
Und den zweyten erhabenen Ruhetag GOttes eröffnen.

560 Der du nach Gabriel itzt den Kreis der Erlösung beherrschest,
Göttlicher Schutzgeist der Mutter so vieler unsterblichen Kinder,
[275] Die sie, wie ihre Begleiter, die schnellen Jahrhunderte,
flüchtig,
Und unerschöpflich am Reichthum, den höhern Gegenden sendet,
Und dann des ewigen Geistes zerfallne vermorschte Behausung
565 Unter verlassenen Hügeln in traurige Dunkelheit einschließt;
O du dieser verherrlichten Erden erwählter Beschützer,
Seraph Eloa, verzeih dieß deinem zukünftigen Freunde,
Wenn er deinen seit Edens Erschaffung verborgenen Wohnplatz,
Von der heiligen Muse gelehrt, den Sterblichen zeiget.
570 Hat er sich iemals, voll einsamer Wollust, in tiefe Gedanken
Und in den hellen Bezirk der stillen Entzückung verlohren;
Hat mit Gedanken der Geister sich sein Gedanke vereinet,
Und die enthüllete Seele die Rede der Götter vernommen;
O so hör ihn, Eloa, wenn er, wie die himmlische Jugend,
575 Kühn und erhaben, nicht modernde Trümmer der Vorwelt besinget,
Sondern den Bürgern der göttlichen Erde dein Heiligthum anthut.

In dem stillen Bezirk des unbetrachteten Nordpols
Herrschet die Mitternacht ewig einsiedlerisch. Dunkel und
Wolken
[276] Fliessen von ihr, wie ein sinkendes Meer, unaufhörlich
herunter.
580 So lag unter der Finsterniß GOttes, von Mosen gerufen,

Ehmals der Nil, in vierzehn Gestade zusammen gedränget,
Und ihr, der Könige Grab, unsterbliche Pyramiden.
Niemals hat noch ein Auge, von kleinern Himmeln umgränzet,
Diese verlaßnen Gefilde gesehen, wo nächtliches Erdreich
Unbewohnt ruht, wo kein Laut von Menschenstimmen ertönet, 585
Wo kein Todter begraben liegt, wo kein Auferstehn seyn wird.
Aber zu tiefen Gedanken, und zur Betrachtung gewidmet,
Machen sie Seraphim herrlich, wenn sie auf ihren Gebirgen,
Orionen gleich, gehn, und in prophetischer Stille
Thränenvoll, der Menschen zukünftige Seligkeit anschaun. 590
Mitten in diesen Gefilden erhebt sich die englische Pforte,
Durch die der Erde Beschützer zu ihrem Heiligthum eingehn.

Wie zur Zeit des belebenden Winters ein heiliger Festtag
Über beschneyten Gebirgen nach trüben Tagen hervorgeht;
Wolken und Nacht entfliehen vor ihm, die beeisten Gefilde, 595
[277] Hohe durchsichtige Wälder entnebeln ihr Antlitz, und glänzen
Also gieng Gabriel itzt auf den mitternächtlichen Bergen,
Und schon stand sein unsterblicher Fuß an der heiligen Pforte,
Die sich vor ihm, wie Flügel der rauschenden Cherubim, aufthat.
Schon war sie hinter ihm wieder geschlossen. Nun gieng der
                    Seraph   600
In den Tiefen der Erde. Da wälzten sich Oceane
Um ihn mit langsamer Flut zum menschenlosen Gestade.
Alle Söhne der Oceane, gewaltige Flüsse,
Flossen, wie Ungewitter sich aus den Wüsten heraufziehn,
Fern und rauhtönend ihm nach. Er gieng, und sein heiliger
                    Wohnplatz   605
Zeigte sich schon in der Nähe. Die Pforte von Wolken erbauet
Wich ihm itzt aus, wie auf blumichten Hügeln dem Morgen
                    die Nacht weicht.
Unter dem Fuß des Unsterblichen floß die flüchtige Dämmrung
Wallend hinweg. Weit hinter ihm, an den dunkeln Gestaden,
Blieben wehende Flammen in seinem Fußtritt zurücke. 610
Nunmehr hatte der Seraph den heiligen Wohnplatz betreten.

Da, wo sich fern von uns die Erde zum Mittelpunkt kehret,

Wölbt sich in ihr ein weiter Bezirk voll himmlischer Lüfte.
[278] Mitten darinnen erhebt sich mit flüssigem Schimmer bekrönet
615 Eine sanftleuchtende Sonne. Von ihr fließt Leben und Wärme
In die Adern der Erden empor. Die oberste Sonne
Bildet mit dieser vertrauten Gehülfinn den blumichten Frühling,
Und den feurigen Sommer, von sinkenden Halmen belastet,
Und dich, o Herbst, auf Traubengebirgen. In ihren Bezirken
620 Ist sie niemals nicht auf und niemals untergegangen.
Um sie lächelt ein ewiger Morgen in thauenden Wolken.
Unterweilen thut der, der die Himmel zusammen erfüllet,
Seine Gedanken den Engeln daselbst durch Zeichen in Wolken
Wunderbar kund; da erscheinen alsdann die Folgen des Schick-
sals.
625 Also entdeckt sich GOtt, wenn nach wohlthätigen Wettern
Ueber besänftigten Wolken der Regenbogen hervorgeht,
Und dir, Erde, den Bund und die Fruchtbarkeit GOttes ver-
kündigt.

Gabriel ließ itzo auf dieser Sonne sich nieder.
Um ihn versammelten sich der Königreiche Beschützer,
630 Engel des Kriegs und des Todes, die im Labyrinthe des Schick-
sals
Bis zur göttlichen Hand den führenden Faden begleiten;
[279] Die im Verborgenen über die Werke der Könige herrschen,
Wenn sie damit triumphirend, als ihrer Schöpfung, sich brüsten.
Dann die Hüter der tugendhaften und wenigen Edlen,
635 Die den denkenden Weisen in seiner Entfernung begleiten,
Wenn er das Menschengewebe der irrdischen Seligkeit fliehet,
Und die Bücher der ewigen Zukunft im Stillen eröffnet.
Auch sind sie oft insgeheim bey einer Versammlung zugegen,
Wo der feurige Christ die Herabkunft GOttes empfindet,
640 Wenn ein brüderlich Volk, durch das Blut des Bundes ge-
heiligt,
Seinem unsterblichen Lamme zu Sion ein Loblied erhebet.
Wenn die Seelen entschlafner Christen ihr todtes Antlitz
Und den Schweiß, und die traurigen Züge des siegenden Todes,
Und die bezwungne Natur auf ihrem Leichnam erblicken:

So empfangen sie diese Gefährten mit tröstendem Anblick: 645

Lieber, wir wollen dereinst die Trümmern alle versammeln;
Eben diese Behausung der Sterblichkeit, dieses Gebeine,
Durch die Hand des gewaltigen Todes so traurig entstellet,
Soll mit dem Morgen des Richters zur neuen Schöpfung
                                         erwachen.
[280] Kommt nur, des Himmels zukünftige Bürger, ein
                                         helleres Anschaun, 650
Selbst die Umarmung des göttlichen Mittlers erwartet euch
                                         liebreich.

Auch die Seelen, die dem kaum gebohrnen Körper entflohen,
Sammelten sich um den Seraph herum. Sie flohen mit Weinen,
Mit dem zärtlichen Weinen der Kindheit. Ihr schüchternes
                                         Auge
Hatte die Oberfläche der Erde kaum staunend erblicket; 655
Darum durften sie sich auf den grössern Schauplatz der Welten
Noch ungebildet so bald hervorzutreten nicht wagen.
Ihre Beschützer begleiten sie zu sich, und lehren sie reizend,
Unter dem Klange belebender Harfen, in lieblichen Liedern:
Wie und woher sie entstanden; wie gross die menschliche Seele 660
Von dem vollkommensten Geiste gemacht sey; wie jugendlich
                                         heiter
Sonnen und Monde nach ihrer Geburt zum Schöpfer gekommen.
Euch erwarten vollendete Väter; ein herrliches Anschaun
Eures Erbarmers erwartet euch dort am ewigen Throne.
Also lehren sie diese der Weisheit würdige Schüler, 665
Jener erhabenen Weisheit, nach deren flüchtigen Schatten,
[281] Durch ihr Glänzen geblendet, die irren Sterblichen eilen.
Itzo hatten sie häufig die schimmernden Lauben verlassen,
Und sich zu ihren Vertrauten, den Engeln der Erde, ver-
                                         sammelt.
Gabriel that itzo der ganzen Geisterversammlung 670
Alles das kund, was GOtt ihm befahl vom Messias zu sagen.
Diese blieb wie entzückt um den hohen göttlichen Lehrer,
Und ließ ihre Gedanken in tiefe Betrachtungen nieder.

Und ein liebenswürdiges Paar, zwo befreundete Seelen,
675 Benjamin und Dudaim, umarmten einander, und sprachen:

Ist das nicht, o Dudaim, der holde vertrauliche Lehrer?
Ists nicht JEsus, von welchem der Seraph dieß alles erzählte?
Ach, ich weiß es noch wohl, wie er uns inbrünstig umarmte,
Wie er uns an die klopfende Brust mit Zärtlichkeit drückte.
680 Eine getreue leutselige Zähre, die seh ich noch immer,
Netzte sein Antlitz, ich küßte sie auf, die seh ich noch immer.

Und drauf sagt er, o Benjamin, unsern umstehenden Müttern:
Werdet, wie Kinder, sonst könnt ihr das Reich des Vaters
nicht erben.

[282] Ja, so sagt er, Dudaim, und der ist unser Erlöser;
685 Durch den sind wir so selig, umarme mich, lieber Dudaim!

Also besprachen sie sich mit Zärtlichkeit unter einander.
Gabriel aber bereitete sich zur neuen Gesandtschaft,
Nahm sein helles Gewand, mit dem er beym Engel der Sonnen
Allzeit erschien.   Ein festliches niederwallendes Glänzen
690 Floß, da er gieng, den Fuß des Unsterblichen prächtig herunter.

Also sehen des Mondes Bewohner den Tag der Erde,
Ihren Nächten zu leuchten, in stillen thauenden-Wolken
Auf die Gipfel von ihren Olympen herunterwallen.
Also geschmückt stand Gabriel auf, und unter dem Nachruf
695 Jauchzender Engel und Seelen betrat er den freyeren Luftkreis.
Rauschend, wie Pfeile vom silbernen Bogen, zum Siege beflügelt,
Schoß er neben Gestirnen vorbey, und eilte zur Sonne.
Itzo sank er auf Uriels Burg schon schwebend hernieder.
Hier fand er auf der Zinne der Burg die Seelen der Väter,
700 Die unverwandt den feurigen Blick zu den Strahlen gesellten,
Welche den Tag in die canaanitischen Gegenden senden.
[283] Unter den Vätern war einer von hohem denkenden Ansehn.
Adam, der Sohn der erwachenden Erd und der Bildungen
GOttes.

Gabriel, er, und der Herrscher der Sonnen erwarteten sehnlich,
Unter Gesprächen vom Heile der Menschen, den Anblick des
Oelbergs.   700

Zweyter Gesang.

Itzo stieg über die Cedernwälder der Morgen herunter.
JEsus erhub sich, ihn sahn in der Sonne die Seelen der Väter.
Als sie ihn sahn, da sangen zwo Seelen so gegeneinander,
Adams Seele, mit ihr die Seele der göttlichen Eva:

Schönster der Tage, du sollst vor allen künftigen Tagen   5
Festlich und heilig uns seyn, dich soll vor deinen Gefährten,
Kehrst du wieder zurück, die Seele des Menschen, der Seraph
Und der Cherub, beym Aufgang und Untergange, begrüssen.
Steigst du zur Erden herab; verbreiten dich Orione
Durch die Himmel; und gehst du beym Throne der Herrlich-
                                                 keit GOttes 10
Heilig hervor, so wollen wir dir in feyrendem Aufzug
[284] Jauchzend mit Hallelujagesängen entgegen segnen!
Dir, unsterblicher Tag, der du unsern getrösteten Augen
GOtt, den Messias, auf Erden in seiner Erniedrung entdeckest!
Wie er so schön ist! O, unser Messias in menschlicher Bildung! 15
Wie sich in seinem erhabenen Ansehn die Gottheit enthüllet!

Selig bist du und heilig, die du den Messias gebahrest,
Seliger als Eva, die Mutter der Menschen. Unzählbar
Sind zwar die Söhne von ihr, doch zugleich unzählbare Sünder.
Aber du hast einen, nur einen göttlichen Menschen,   20
Einen gerechten, ach einen unschuldigen theuren Messias,
Einen Sohn GOttes, unsterbliche Tochter der Erde, gebohren!
Zärtlich mit irrendem Blick seh ich zur Erden hernieder,
Dich, Paradies, dich seh ich nicht mehr. Du bist in den Wassern
Weggeschwemmt, in Wassern der allgegenwärtigen Sündflut. 25
Deiner erhabnen umschattenden Cedern, die GOttes Hand
                        pflanzte,

Deiner friedsamen Lauben, der jungen Tugend Behausung,
Hat kein Sturmwind, kein Donner, kein Todesengel geschonet! ?
Bethlehem, wo ihn Maria gebahr, und ihn brünstig umarmte,
30 Sey du mir mein Eden; du Brunnen Davids, die Quelle,
Wo ich göttlich erschaffen zuerst mich sahe; du Hütte,
[285] Wo er weinte, sey du mir die Laube der ersten Unschuld!
Ach hätt ich dich in Eden gebohren, du Göttlicher! hätt ich
Gleich nach vollbrachter entsetzlichen That dich, Sohn, gebohren!
35 Siehe, so wär ich mit dir zu meinem Richter gegangen;
Da, wo er stand, wo unter ihm Eden zum Grabe sich aufthat,
Wo der Erkenntnisse Baum mir fürchterlich rauschte, wo
Stimmen
Seiner Donner den Fluch uns und der Erde zuriefen,
Wo ich im bangen Erbeben dahinsank, und sterben wollte,
40 Da wär ich zu ihm gegangen; dich, Sohn, hätt ich weinend
umarmet
Und an mein Herze gedrückt, und gesagt: Ach zürne nicht,
Vater!
Zürne nicht mehr, ich habe den Mann Jehova gebohren!

Heilig bist du, und anbetenswürdig und ewig, o Erster!
Der du dir deinen göttlichen Sohn von Ewigkeit zeugtest,
45 Und ihn, nach deinem Bilde gezeugt, zum Erlöser der Menschen,
Meines von mir beweinten Geschlechts, erbarmend erwähltest.
GOtt hat meine Thränen gesehen; ihr habt sie gesehen,
Seraphim, und sie gezählt; auch ihr, ihr Seelen der Todten,
Seelen meines entschlafnen Geschlechts, habt sie alle gezählet.
50 Wärest du nicht, o Messias, gewesen, die ewige Ruhe
[286] Hätte mir selbst traurig, und ungenießbar geschienen.
Aber in deinem göttlichen Umgang, von deiner Erbarmung,
Stifter des ewigen Bundes, sanft überschattet, da lernt ich
Selbst in zärtlicher Wehmuth mehr Seligkeiten empfinden.

55 Und nun trägst du sein Bild, das Bild des sterblichen
Menschen!
GOttmensch Erlöser, dich beten wir an! Vollende dein Opfer,
Das du für uns, unsterblicher GOtt, zu vollenden herabstiegst.

Mache die Erde bald neu, die du zu verneuen beschlossest,-
Dein und unser Geburtsland. Komm bald gen Himmel zurücke!
Komm, sey gegrüsset in deinen Erbarmungen, GOttmensch
                              Erlöser!   60

Also ertönte mit mächtigem Klang die Stimme der Seelen
Durch die Gewölbe der englischen Burg. Der Messias ver-
                              nahm sie
Fern in der Tiefe. Wie mitten in dichtrischen Einsiedleyen,
In zukünftige Folgen vertieft, prophetische Weisen
Dich von fern, sanftwandelnde Stimme des Ewigen, hören. 65
JEsus gieng den Oelberg hinab. An der Mitte des Oelbergs,
[287] Stand ein Palmbaum auf niedrigen Hügeln vor allen
                              erhaben,
Von leichtschimmernden Wolken des Morgennebels umflossen.
Unter dem Palmbaum vernahm der Messias den Schutzgeist
                              Johannes,
Raphael ist sein Nahme, der ihn hier betend verehrte.   70
Liebliche Winde zerflossen vom Oelbaum, und trugen die
                              Stimme,
Die sonst keine Geschöpfe nicht hörten, zum Mittler hernieder.

Raphael komm, rief ihm der Messias mit freundlichem Anblick,
Wandle mir hier ungesehen zur Seite. Wie hast du die
                              Nacht durch
Unsers lieben Johannes unschuldige Seele bewachet?   75
Was für Gedanken, die deinen Gedanken, o Raphael, glichen,
Hatte sie? Wo ist er itzt? Ich bewacht ihn, sagte der Seraph,
Wie man die Erstlinge deiner Erwählten, o Mittler, bewachet.
Seinen eröffneten Geist umschatteten heilige Träume,
Träume von dir. O hättest du ihn da schlummern gesehen, 80
Als er dich, Göttlicher, sah! Ein heiliges Frühlingslächeln
Füllte sein Antlitz. Dein Seraph hat auch in Edens Gefilden
Adam gesehn, da er schlief, und das Bild der werdenden Eva
[288] Und des bauenden Schöpfers vor seine Gedanken herab-
                              kam.
Aber so schön war er nicht, wie dein göttlicher Jünger Johannes. 85

Doch itzt ist er dort unten in traurigen nächtlichen Gräbern,
Und klagt einen besessenen Mann, der im Staube der Todten
Fürchterlich bleich, wie ein bebend Gerippe, hin ausgestreckt
        lieget.
JEsus, du solltest ihn sehn, du solltest den zärtlichen Jünger
90 Neben ihm voller mitleidigen Kummers und Wehmuth er=
        blicken,
Wie ihm vor Menschenliebe sein Herz erbarmend zerfliesset,
Wie er erbebt. Mir selbst drang eine wehmüthige Thräne
Zitternd ins Auge. Da wandt ich mich weg. Das Leiden
        der Geister,
Die du zur Ewigkeit schuffst, ist mir stets durch die Seele ge=
        drungen.

95 Raphael schwieg. Das Auge des Mittlers sah zürnend
        gen Himmel.
Grosser Vater, erhöre mich itzt! Der Menschenfeind werde
Deinen Gerichten ein ewiges Opfer, das jauchzend der Himmel,
Das voll Bestürzung und Schand und Schmach die Hölle
        betrachte!

Also sagt er, und näherte sich den Gräbern der Todten.
100 Unten am mitternächtlichen Oelberge waren die Gräber
[289] In zusammengebirgte zerrüttete Felsen gehauen.
Dick und finster verwachsene Wälder verwahrten den Eingang
Vor dem Blicke des fliehenden Wandrers. Ein trauriger
        Morgen
Stieg, wenn über Jerusalem schon der Mittag sich senkte,
105 Zu den Gräbern noch dämmernd mit kühlem Schauer hinunter.
Samma, so hieß der besessene Mann, lag neben dem Grabe
Seines jüngsten geliebtesten Sohns in kläglicher Ohnmacht.
Satan ließ ihm die Ruh, ihn desto ergrimmter zu quälen.
Hier lag er bey den Gebeinen des Knabens in Moder und Asche.
110 Neben ihm stand sein anderer Sohn, und weinte zu GOtt auf.
Jenen verstorbenen, welchen der Vater und Bruder beweinten,
Hatte vordem die zu zärtliche Mutter, durch Flehen erweichet,
Mit in die Gräber zum Vater hinab gebracht, welchen der Satan

Ungestüm und voll grimmiger Wut bey den Todten herumtrieb.
Ach mein Vater! so rief der kleine geliebte Benoni,   115
Und entfloh den Armen der Mutter, die ängstlich ihm nachlief;
Ach mein Vater, umarme mich doch! und hielt seine Hände,
Drückte sie an sein Herz. Der Vater umfaßt ihn, und bebte.
[290] Da nun der Knabe mit kindlicher Inbrunst ihn zärtlich
                    umhalste,
Da er mit stillem liebkosenden Lächeln ihn jugendlich ansah,   120
Warf ihn der Vater an einen entgegenstehenden Felsen,
Daß sein zartes Gehirn an blutigen Steinen herabrann,
Und die unschuldige Seele, mit leisem Röcheln, entflohe.
Nunmehr klagt er ihn trostlos, und faßt das kalte Behältniß
Seiner Gebeine mit sterbendem Arm. Mein Sohn, ach Benoni!   125
Ach Benoni, mein Sohn! so sagt er, und jammernde Thränen
Stürzen vom Auge, das bricht und langsam starrend erstirbet.
Also lag er und ängstete sich, da der Mittler hinabkam.
Joel, der andere Sohn, verwandte sein thränendes Antlitz
Von dem Vater, und sah den Messias im Grabmal dahergehn.   130
Ach! mein Vater, erhub er voll froher Verwundrung die
                    Stimme,
JEsus, der große Prophet, kömmt in die Gräber hernieder.
Satan hört es, und sahe bestürzt durch die Oeffnung des
                    Grabmals.
Also sehn Gottesläugner, der Pöbel, aus düstern Gewölben,
Wenn das hohe Gewitter am donnernden Himmel heraufzieht,   135
Und der Rache gefürchtete Wagen in Wolken sich wälzen.
[291] Satan hatte bisher nur Samma von ferne gepeinigt.
Aus den tiefsten entlegensten Enden des nächtlichen Grabmals
Sandt er langsame Plagen hervor. Itzt erhub er sich wieder,
Rüstete sich mit Todesschrecken, und stürzt auf Samma.   140
Samma sprang auf, dann fiel er von neuem ohnmächtig dar-
                    nieder.
Seine dem Tode noch kaum entgegenringende Seele
Trieb ihn, von dem mördrischen Feind zur Verzweiflung empöret,
Felsenan. Hier wollt ihn vor deinen göttlichen Augen,
Großer Messias, der Satan am schroffen Felsen zerschmettern.   145
Doch du warest schon da, und deine voreilende Gnade

Trug dein verlassnes Geschöpf auf treuen allmächtigen Flügeln,
Daß er nicht sank. Da ergrimmte der Geist des Menschen-
verderbers
Und erbebte. Die kommende Gottheit erschreckt ihn von ferne.
150 Indem richtete JEsus sein helfendes Antlitz auf Samma.
Eine belebende göttliche Kraft, mit dem Blicke vereinbart,
Gieng von ihm aus. Da erkannte der arme verlassene Samma
Seinen Erlöser. Ins bleiche schon halbverweste Gesichte
Kam die Menschheit zurück, er schrie, und weinte gen Himmel.
155 [292] Itzt wollt er reden, allein kaum konnt er von Freuden
erschüttert
Bebend stammeln. Doch breitet er sich mit sehnlichen Armen
Nach dem Ewigen aus, und sah mit getrösteten Augen,
Voll von Entzückung, nach ihm von seinem Felsen herunter.
Wie die Seele trübsinniger Weisen, die, in sich gekehret,
160 An der Unsterblichkeit ihrer zukünftigen Dauer verzweifelt,
Innerlich bebt; der Ewigen schauert vor ihrer Zernichtung;
Aber itzt nahet sich ihr der weisern Freundinnen eine,
Ihrer Unsterblichkeit sicher, und stolz auf GOttes Verheissung,
Kömmt sie zu ihr mit tröstendem Blick. Die trübe Verlaßne
165 Heitert sich auf, und windet mit Macht vom jammernden
Kummer
Ungestüm freudig sich los; nun jauchzt die ewige segnend,
Wie im Triumph, über ihrer verneuten unsterblichen Größe.
Also empfand der besessene Mann die Beruhigung GOttes.
Und drauf sprach der Messias mit mächtiger Stimme zu Satan:
170 Geist des Verderbens, wer bist du, der du vor meinem Gesichte
Dieß zur Erlösung erwählte Geschlecht, die Menschen, so
quälest?
Ich bin Satan, antwortet ein zorniges tiefes Gebrülle,
[293] König der Welt, die oberste Gottheit unsclavischer Geister,
Die mein Ansehn zu etwas erhabnerm, als zu den Geschäften
175 Himmlischer Sänger bestimmt hat. Dein Ruf, o sterblicher
Seher,
(Denn Maria wird wohl Unsterbliche niemals gebähren!)
Dieser dein Ruf drang, wer du auch bist, zur untersten Hölle.
Selbst ich verließ sie, sey stolz auf deines Königs Bemühung!

Dich, von himmlischen Sclaven verkündigten Heiland, zu sehen.
Doch du wurdest ein Mensch, ein götterträumender Seher,   180
Wie die, welche mein mächtiger Tod in die Erde begraben.
Darum gab ich nicht Acht, was die neuen Unsterblichen thaten.
Doch nicht müssig zu seyn, so plagt ich, das hast du gesehen!
Deine Geliebten, die Menschen. Da sieh des Todes Gestalten,
Meine Geschöpf, auf diesem Gesicht! Itzt eil ich zur Hölle.   185
Unter mir soll mein allmächtiger Fuß das Meer und die Erde,
Mir anständige Wege zu bahnen, gewaltsam verwüsten.
Dann soll die Höll im Triumph mein königlich Angesicht schauen.
Willst du was thun, so thu es alsdann.   Ich kehre zurücke,
[294] Hier auf der Welt mein erobertes Reich, als König, zu
                                                     schützen.   190
Unterdeß stirb noch, Verlaßner, vor mir! So sagt er, und
                                                     stürzte
Stürmend auf Samma. Allein des ruhigschweigenden Mittlers
Stille verborgne Gewalt kam, gleich der Allmacht des Vaters,
Wenn er Welten geheim und still den Untergang zuwinkt,
Satan im Zorne zuvor; er floh, und vergaß im Entfliehen, 195
Unter allmächtigem Fuße das Meer und die Erde zu schlagen.
Unterdeß stieg Samma von seinem Felsen hernieder.
Also entfloh vom hohen Euphrates Nebucadnezar,
Da ihm der Rathschluß der heiligen Wächter die menschliche
                                                     Bildung
Wiederum gab, und ihn zum Anschaun des Himmels erhöhte. 200
GOttes Schrecknisse giengen nicht mehr, mit dem Rauschen
                                                     Euphrates,
Vor ihm in dunklen sinaischen Donnerwettern vorüber.
Nebucadnezar kam auf die stolzen Höhen zu Babel,
Nicht mehr als GOtt; er lag, von da gen Himmel verbreitet,
Dankbar im Staube gebengt, den Ewigern anzubeten.   205
Also kam Samma zu JEsu herab, und fiel vor ihm nieder.
Darf ich dir folgen, du heiliger Mann? ach laß mich mein
                                                     Leben,
Das du mir wieder geschenkt, bey dir, Mann GOttes, vollenden!
[295] Also sagt er, und schlung sich mit brünstigen zitternden
                                                     Armen

210 Um den Erlöser, der ihm, mit menschenfreundlichen Blicken,
Dieses erwiederte: Folge mir nicht, doch verweile dich künftig
Mehr als sonst um Golgathas Hügel, da wirst du die Hoffnung
Abrahams und der Propheten mit deinen Augen erblicken.
Indem JEsus zu Samma so sprach, da wandte sich Joel
215 Zu Johannes, und sagte zu ihm, mit schüchterner Unschuld:
Ach du lieber Mann, führe du mich zum grossen Propheten,
Daß er mich höre, du kennest ihn ja. Der zärtliche Jünger
Nahm ihn, und führt ihn zu JEsu, da sagt er in seiner Un=
schuld:

GOttes Prophet, so kann denn mein Vater und ich dir
nicht folgen?
220 Aber, o darf ichs wohl sagen, warum verweilest du itzo
Hier, wo mein jugendlich Blut vor den Gräbern der Todten
erstarret?
Komm doch, du göttlicher Mann, in meines Vaters Behausung.
Dich soll hier meine verlassene Mutter mit Demuth bedienen.
Milch und Honig, die lieblichsten Früchte von unseren Bäumen
225 [296] Sollst du geniessen; die Wolle der jüngsten Lämmer in
Auen
Soll dich bedecken. Ich selber will dich, o GOttes Prophete,
Kömmt die Sommerszeit, unter die Schatten der Bäume be=
gleiten,
Die mir mein Vater im Garten geschenkt. Mein lieber Benoni!
Ach Benoni, mein Bruder! dich laß ich im Grabe zurücke.
230 Ach nun wirst du mit mir die Blumen künftig nicht tränken!
Niemals wirst du am kühlenden Abend mich brüderlich wecken!
Ach Benoni! ach GOttes Prophet, da liegt er im Staube!

JEsus sah ihn erbarmungsvoll an, und sprach zu Johannes:
Wische dem Jüngling die Zähren vom Antlitz; ich hab ihn
viel edler
235 Und rechtschaffner, als viele von seinen Vätern, erfunden.

Also sagt er, und blieb mit Johannes allein in den Gräbern.
Nah beym stillen Gebein des entschlafnen kleinen Benoni

Stand der König zu Salem, Melchisedek, marmorn gebildet,
GOttes Priester, Prophet und König. Er stand und schaute
Sterbend in sein Grabmal, nicht mit jenem traurigen Antlitz, 240
[297] Welches sterbende Sünder entstellt; nein, mit einem
Gesichte,
Das sich mit männlichem Lächeln die Auferstehung der Todten,
GOttes Tag, und das Erwachen zum Bilde des Ewigen
weissagt.
Um ihn schlug kein weinender Greis sein Vaterherz; um ihn
Jammerte keine verlassene Mutter; er stand ganz einsam 245
Vor der Gottheit, und horchte, gehorsam ins Grab sich zu legen.
Allda blieb mit seinem Johannes der göttliche Mittler.

Unterdeß gieng Satan, mit Dampf und Wolken umhüllet,
Durchs Thal Josaphat, über das todte Meer finster hinüber.
Von da kam er zum wolkichten Carmel, vom Carmel gen
Himmel. 250
Hier durchirrt er mit grimmigem Blicke den göttlichen Weltbau,
Daß er noch durch so viele Jahrhunderte, seit der Erschaffung,
In der ersten von GOtt ihm gegebnen Herrlichkeit glänzte.
Gleichwohl ahmt er ihm nach, und änderte seine Gestalten
Durch ätherisches Glänzen, damit nicht die Morgensterne 255
Uberall, wo er den irrenden Fuß ins Weltgebäu setzte,
Uber sein finstres Ansehn in stillem Triumphe sich freuten.
[298] Doch dieß helle Gewand war ihm schon unerträglich;
er eilte,
Aus den Bezirken der göttlichen Herrschaft zur Hölle zu kommen.
Itzo hatt er sich schon bey den äussersten Weltgebäuden 260
Stürmisch herunter gesenkt. Unermeßliche dämmernde Räume
Thaten vor ihm wie unendlich sich auf. Die nennt er den Anfang
Seiner von ihm durchherrschten Bezirke. Hier sah er von ferne
Flüchtigen Schimmer, so weit die äussersten Sterne der Schöpfung
Noch das unendliche Leere mit matten Strahlen durchirrten. 265
Doch hier sah er die Hölle noch nicht; die hatte die Gottheit
Fern von sich und ihren Geschöpfen, den seeligen Geistern,
Weiter hinunter in ewige Dunkelheit eingeschlossen.
Denn in unserer Welt, dem Schauplatz ihrer Erbarmung,

270 War kein Raum für Oerter der Quaal. Der Ewige schuf sie
Furchtbar, zum Verderben, zu seinem strafenden Entzweck,
Prächtig und vollkommen. In drey erschreclichen Nächten
Schuf er sie, und verwandte von ihr sein Antlitz auf ewig,
Jenes, mit welchem er huldreich nach seinen Geschöpfen herab=
sieht.
275 Zween von den heldenmüthigsten Engeln bewachten die Hölle.
[299] Dieß war GOttes Befehl, da er sie mit allmächtiger
Rüstung
Segnend umgab. Sie sollten den Ort der dunklen Verdammniß
Ewig in seinen Bezirken erhalten, damit nicht der Satan
Kühn mit seiner verfinsterten Last die Schöpfung bestürmte,
280 Und das Antlitz der schönen Natur durch Verwüstung entstellte.
Wo sie beym Eingang der Hölle mit herrschendem Angesicht
sitzen,
Von da senkt sich ein strahlender Weg, wie von Zwillings=
quellen
Ein krystallener Strom, in geradefortlaufender Länge
Gegen den Himmel gekehrt, nach GOttes Welten hinüber,
285 Daß es ihnen in ihrer Entfernung an frommen Vergnügen,
Uber die mannichfaltige Schönheit der Schöpfung, nicht fehle.
Neben diesem helleuchtenden Wege kam Satan zur Hölle,
Und gieng unsichtbar durch die eröffneten Höllenpforten.
Drauf hub er sich in einem von Schwefel dampfenden Nebel
290 Langsam auf seinen gefürchteten Thron. Ihn sahe kein Auge
Unter den Augen, die Nacht und Verzweiflung trübe verstellten.
Zophiel nur, ein Herold der Höllen, entdeckte den Nebel,
[300] Der die erhabenen Stufen hinaufzog, und sagte zu einem,
Der gleich neben ihm stand: Kehrt Satans oberste Gottheit
295 Etwa zur Hölle zurück? Verkündigt der dampfende Nebel
Seine von allen Göttern so lange gewünschte Zurückkunft?
Indem, da er noch sprach, so floß der umhüllende Nebel
Ringsum von Satan; er saß auf einmal mit zornigem Antlitz
Fürchterlich da. Gleich eilte der flüchtige sclavische Herold
300 Gegen die Feuergebirge, die sonst mit Strömen und Flammen
Satans Ankunft dem Abgrund in allen Gegenden kund thun.
Zophiel stieg auf Flügeln des Sturms durch die Hölen des Verges

Gegen die dampfende Mündung empor. Ein feuriges Wetter
Machte darauf den ganzen Bezirk der Finsterniß sichtbar.
Jeder erblickte den schrecklichen König in schimmernder Ferne. 305
Alle Bewohner des Abgrunds erschienen. Die mächtigsten eilten
Neben ihm auf die Stufen des Throns sich niederzusetzen.

Die du entzückt voll Feuer und Ernst nach der Höllen
                              hinabsiehst,
Weil du zugleich im Angesicht GOttes Klarheit erblickest,
[301] Und Zufriedenheit über sich selbst, wenn er Sünder be-
                              strafet,   310
Zeige sie mir, Göttinn, doch laß die mächtige Stimme
Rauschend, wie den Sturmwind, wie Gewitter GOttes, er-
                              tönen.

Abramelech kam erst, ein Geist, boshafter als Satan
Und verdeckter. Noch brannte sein Herz von grimmigem Zorne
Wider Satan, daß dieser zuerst den Abfall gewaget;   315
Denn er hatte schon lange bey sich den Abfall beschlossen.
Wenn er was that, so that ers nicht, Satans Reiche zu
                              schützen;
Seinentwegen that ers. Seit langen undenklichen Jahren
Hatt er darauf schon gedacht, wie er sich zur Herrschaft erhübe,
Wie er Satan von neuem mit GOtt zu kriegen bewegte,   320
Oder ihn in den unendlichen Raum auf ewig entfernte,
Oder zuletzt, wär alles umsonst, durch Waffen bezwänge.
Damals schon, als die gefallenen Engel vorm Donnerer flohen,
Sann er darauf. Als alle zusammen die Hölle schon einschloß,
Kam er zuletzt, und trug vor seinem kriegrischen Harnisch 325
Eine helleuchtende goldene Tafel, und rief durch den Abgrund:
Warum fliehen die Könige so? In hohem Triumphe
Solltet ihr, o Krieger, für unsre behauptete Freyheit
In die neue Behausung der Pracht und Unsterblichkeit einziehn!
[302] Denn da Messias und GOtt den neuen Donner er-
                              fanden,   330
Und im Kriegesgeschäfte vertieft euch zornig verfolgten,
Stieg ich ins Allerheiligste GOttes, da fand ich die Tafel

Boll vom Schicksal, das unsre zukünftige Größe verkündigt.
Sammelt euch, seht die heilige Reih offenbarender Schriften:

335 Einer von denen, die GOtt als dienstbare Geister beherrschet,
Wird, daß er GOtt sey, erkennen, er wird den Himmel ver=
laffen,
Und mit seinen vergötterten Freunden im einsamen Raume
Wohnungen finden. Die wird er zwar erst mit Abscheu be=
wohnen;
Wie der GOtt, der ihn vertrieb, eh ich ihm den Weltkreis
erbaute,
340 Lange Zeit, dieß war mein Wille, des Chaos Tiefen bewohnte.
Aber er soll nur das Reich der Hölle muthig betreten;
Denn aus ihr entstehet dereinst ein herrlicher Weltbau.
Den wird Satan erschaffen, doch soll er den göttlichen Grundriß
Selber von mir vor meinen erhabenen Sitzen empfangen.
345 Also saget der GOtt der Götter, ich, der ich alleine
Alle Bezirke des Raums, mit ihren Göttern und Welten,
Ringsum, mit meiner vollkommensten Welt, unendlich umgränze!

[303] GOtt Jehova, der Ewige, hörte die Stimme der
Läſtrung.
Ruhig in sich selber, in seiner unendlichen Größe,
350 Hört er sie, sagte zu sich: Ich werde seyn, der ich seyn werde!
Aber, du Sclave des Elends, sollst sehn, wen du itzo ge=
schmäht hast!

Alsobald gieng das ernste Gericht vom Angesicht GOttes.
Tief in der innersten Höllen erhebt sich ein feuriger Klumpen
Aus dem Flammenmeer, und geht in des Todes Meer unter.
355 Der stürzt Abramelech ins Meer des Todes. Da wurden
Sieben Nächte, statt einer; Die Nächte lag er im Abgrund.
Lange darauf erbaut er der obersten Gottheit den Tempel,
Wo er als ihr Priester die goldnen Tafeln des Schicksals
Ueber die hohen Altäre gestellt hat. Hier ehret die Hölle,
360 Die dich, Jehova, verwarf, ein unendliches ewiges Unding.
Selber Satan erscheinet hier oft, und fraget den Priester,

Wegen der Reis ins Unendliche, die er schon vielmal gewagt hat,
Doch nicht so weit, als Abramelech aus Herrschsucht es wünschte.
Itzo kam Abramelech vom Tempel, und saß auf dem Throne
Mit verborgenem Grimm, bey Satans linker Hand nieder. 365

[304] Drauf kam Moloch ein kriegrischer Geist von seinen
Gebirgen,
Die er, wenn etwa der donnernde Krieger, so nennt er Jehova,
In die Gefilde der Hölle, sie einzunehmen, herabkäm,
Sich zu vertheidigen, stolz mit neuen Bergen umthürmt hat.
Oft wenn der traurige Tag an des flammenden Oceans Ufern 370
Dampfend hervorsteigt, erblicken ihn schon der Hölle Bewohner,
Wie er unter der Last, vom eisernen Rauschen umstürmet,
Mühsam geht, und sich dem hohen Gipfel des Berges
Endlich nähert. Und wenn er alsdann die neuen Gebirge
Auf die Höh, dem Gewölbe der Höllen entgegen gethürmt hat, 375
Steht er in Wolken, und donnert daraus mit schwerer Arbeit
Langsam hervor. Ihn sehen die Seelen der Erdenbezwinger
Unten erstaunungsvoll an. Er rauschte von seinen Gebirgen
Durch sie gewaltig einher. Sie wichen auf beyden Seiten
Schüchtern hinweg. Er gieng, von seiner tönenden Rüstung, 380
Dunkel, wie der Donner von schwarzen Wolken, umgeben.
Vor ihm bebte der Berg, und hinter ihm sanken die Felsen
Sandig herab. So gieng er, und kam zum Throne des Satans.

[305] Nach ihm erschien Belielel. Er kam in trauriger Stille
Aus den Wäldern und Auen, wo sich die Bäche des Todes 385
Dunkel aus nebelndem Quell nach Satans Throne zuwälzen.
Allda wohnt Belielel. Umsonst ist seine Bemühung,
Ewig umsonst, die Gegend des Fluchs nach den Welten des
Schöpfers
Umzuschaffen. Ihm siehst du mit hohem erhabenen Lächeln,
Ewiger, zu, wenn er den furchtbar brausenden Sturmwind 390
Sehnsuchtsvoll, mit ohnmächtigem Arm, gleich kühlenden Zephyrn,
Vor sich am traurigen Bache vorüber zu führen bemüht ist;
Denn der braust unaufhaltsam dahin, die Schrecknisse GOttes
Rauschen auf seinen verderbenden Flügeln. Die öde Verwüstung

395 Bleibt ungestalt im erschütterten Abgrund hinter ihm liegen.
Unmuthsvoll denkt Belielel an jenen unsterblichen Frühling,
Der die himmlische Flur wie ein junger Seraph umlächelt;
Ihn will er in den Wüsten der Hölle von ferne nachbilden.
Doch er ergrimmt, und seufzet vor Wut; die traurigen Auen
400 [306] Liegen vor ihm in entsetzlichem Dunkel unbildsam, und
öde,
Ewig unbildsam, unendliche lange Gefilde voll Jammer.
Belielel kam traurig zu Satan. Noch brannt er vor Rachsucht
Wider den, der ihn von himmlischen Auen zur Höllen hinabstieß,
Und sie, so dacht er, mit jedem Jahrhundert, erschrecklicher
machte.

405 Auch du saheft in deinen Gewässern die Wiederkunft Satans,
Magog, des todten Meeres Bewohner. Aus brausenden
Strudeln
Kamst du hervor. Die Meere zerflossen in lange Gebirge,
Da die Rosse vor dir die schwarzen Fluthen zertheilten.
Magog fluchte dem HErrn, der wilden Lästerung Stimme
410 Brüllt unaufhörlich aus ihm. Seit seiner Verwerfung vom
Himmel
Flucht er dem Ewigen. Voll von Rachsucht will er die Hölle,
Braucht er auch Ewigkeiten dazu, doch endlich vernichten.
Itzo, da er das Trockne betrat, da warf er verwüstend
Noch ein ganzes Gestade mit seinen Bergen in Abgrund.

415 Also versammelten sich die Fürsten der Hölle zu Satan.
Wie die Inseln des Meers aus ihren Sitzen gerissen,
Rauschten sie hoch, unaufhaltsam einher. Der Pöbel der Geister
[307] Floß mit ihnen unzählbar, wie Wogen des kommenden
Weltmeers
Gegen den Fuß vorgebirgter Gestade, zum Sitze des Satans.
420 Tausend geistige Völker erschienen. Sie giengen und sangen
Eigene Thaten, zur Schmach und unsterblichen Schande ver-
dammet.
Unterm Getöse vom Donner gerührter entheiligter Harfen
Sangen sie. So rauschen in mitternächtlicher Stunde

Cedern, die, ihr benachbarter Himmel im Donnerwetter
Spaltete, wenn brausend auf ehernen Wagen der Nordwind ⁴²⁵
Ueber sie fährt, und Libanon bebt, und Hermon erzittert.
Satan sah und hörte sie kommen. Vor wilder Entzückung
Stand er mit Ungestüm auf, und übersah sie alle.
Fern, beym untersten Pöbel erblickt er in spöttischer Stellung
Gottesleugner, ein niedriges Volk Ihr schrecklicher Führer, ⁴³⁰
Gog, war darunter, erhabner als alle von Ansehn und Unsinn.
Daß das alles ein Traum sey, ein Spiel verwirrter Gedanken,
Was sie im Himmel gesehen, Jehova erst Vater dann Richter,
Konnten sie leicht, labyrinthisch in Schlüsse verirret, begreifen.
[308] Satan sah sie mit Hohn; denn mitten in seiner Ver=
                                        finstrung ⁴³⁵
Sah er doch noch, daß der Ewige sey. Bald stand er voll
                                    Tiefsinn,
Bald sah er überall langsam herum, und setzte sich wieder.
Wie auf hohen unwirthbaren Bergen olympische Wetter
Langsam und verweilend sich lagern, so saß er, und dachte.
Nun that sein Mund sich ungestüm auf, und tausend Donner ⁴⁴⁰
Sprachen aus ihm, da er sprach. Wenn ihrs, o furchtbare
                                    Schaaren,
Wenn ihrs noch seyd, die mit mir die drey erschrecklichen Tage
Auf den himmlischen Ebnen aufhielten, so hört im Triumphe,
Was ich euch itzt von meiner Verweilung auf Erden eröffne.
Doch nicht die Nachricht allein, ihr sollt auch den mächtigen
                                    Rathschluß, ⁴⁴⁵
Unsere Gottheit dem Ewgen zur Schmach zu verherrlichen,
                                    hören.
Eh soll die Hölle vergehn, eh soll· der. seine Geschöpfe,
Der, wie man sagt, vor diesem einmal im Chaos gebaut hat,
Um sich vernichten, und wieder allein in der Einsamkeit wohnen,
Eh er über die sterblichen Menschen die Herrschaft uns raubet. ⁴⁵⁰
[309] Götter, stets unbesiegt, unsclavisch, die wollen wir bleiben,
Wenn er auch gegen uns seine Versöhner zu tausenden schickte,
Wenn er auch selbst, ein Messias zu werden, die Erde beträte.
Doch was erzürn ich mich so? Wer ist der niedre Messias,
Der die erdichtete Gottheit im sterblichen Körper herumträgt, ⁴⁵⁵

Daß darüber die Götter so sinnen, als wenn sie von neuem
Hohe Gedanken von ihrer Vergöttrung und Schlachten erfänden?
Sollte der Ewigen einer, um uns den Sieg zu erleichtern,
Aus den Schössen sterblicher Mütter, die bald die Verwesung
460 Nehmen wird, gegen uns, die er doch kennt, zu kämpfen her=
vorgehn?
Das sey ferne! So handelt der nicht, den Satan bekrieget.
Zwar stehn einige hier, die vor ihm furchtsam entflohen,
Und aus der morschen Behausung beseßner Sterblichen wichen;
Furchtsame, zittert vor dieser Versammlung, umhüllt euer Antlitz
465 Mit verfinsternder Schaam! die Götter hörens, ihr flohet!
Warum flohet ihr so, Elende? Was nanntet ihr JEsum
Euer und meiner unwürdig den Sohn des ewigen GOttes?
[310] Doch daß ihr wißt, wer der sey, der unter den Israeliten
Auch gern ein GOtt wär, so höret von mir des Träumers
Geschichte.
470 Höre dus auch im hohen Triumphe, Versammlung der Götter.
Unter dem Volke der Juden ist seit undenklichen Zeiten
Eine prophetische Sage gewesen; denn unter der Sonne
Hat dieß Volk vor allen Geschlechten am meisten geträumet.
Nach der Prophezeyung entspringt von ihnen ein Heiland,
475 Der sie von ihren umliegenden Feinden auf ewig erlöset,
Und vor allen Völkern ihr Reich zum herrlichsten Reich macht.
Auch wißt ihr wohl, daß vor wenigen Jahren von unsrer
Gesellschaft
Einige kamen und sagten, sie hätten auf Tabors Gebirgen
Eine Versammlung der Engel gesehn, die hätten den Namen,
480 JEsus, unaufhörlich voll Entzückung und Ehrfurcht genennet,
Daß die Cedern davon bis in die Wolken erbebten,
Daß die Stimmen des hohen Geräusches die Palmenwälder
Ganz durchruften, und JEsus allein den Tabor erfüllte.
Drauf gieng mit übermüthigem Stolz, hoch, wie im Triumphe,
485 Gabriel vom Tabor zu der Israelitinnen einer,
Grüßte sie, wie man Unsterbliche grüßt, und sagt ihr voll
Ehrfurcht,
[311] Von ihr sollt ein König entstehn, der die Herrschaften
Davids

Mächtig besitzen und Israels Erbe verherrlichen würde.
Er hieß IEsus, so sollte sie ihn, den Göttersohn, nennen.
Ewig sollte die Macht des grossen Königreichs dauern.   490
Dieses vernahmt ihr. Warum erstaunten die Götter der Hölle,
Da sie dieß hörten? Ich selber, ich habe viel mehr noch ge-
                                    sehen;
Doch mich erschreckt nichts. Ich will euch alles treulich ent-
                                    decken.
Nichts will ich euch verschweigen, damit ihr sehet, wie feurig
Sich mein Muth in Gefahren erhebt; sinds anders Gefahren,   495
Wenn sich auf unserer Welt ein sterblicher Träumer vergöttert.
Ich war auf Erden, und wartete dort auf des göttlichen Knabens
Hohe Geburt. Itzt wird aus deinem Schosse, Maria,
Dacht ich, der Göttliche kommen. Geschwinder als Augen-
                                    blicke,
Schneller noch als die Gedanken der Götter vom Zorne beflügelt, 500
Wird er gen Himmel erwachsen. Itzt deckt er in seiner Er-
                                    höhung
Mit dem einen Fusse das Meer, mit dem andern den Erdkreis.
Itzt wägt er in der erschrecklichen Rechte den Mond und die
                                    Sonne,
In der Linken die Morgensterne. Da kömmt er und tödtet!
[312] Mitten in Stürmen, die er aus allen Welten herbeyrief, 505
Rauscht er zum Sieg unaufhaltsam daher. Ach fliehe nur,
                                    Satan!
Fliehe! damit er dich nicht mit seinem allmächtigen Donner
Ungestüm fasse, bis du durch tausend Erden geworfen,
Sinnlos bezwungen, ja todt, im Unermeßlichen liegest.
Seht, so dacht ich, ihr Götter; allein ihm gefiel es noch itzo, 510
Daß er ein Mensch blieb, ein weinendes Kind, wie die Söhne
                                    der Erde,
Die schon bey ihrer Geburt um ihre Sterblichkeit weinen.
Zwar sang um seine Geburtszeit ein Chor der himmlischen
                                    Geister.
(Denn sie kommen bisweilen hernieder, die Erde zu sehen,
Wo wir herrschen; da Hügel der Todten und Grüfte zu sehen, 515
Wo vordem Paradiese nur stunden: dann kehren sie thränend,

Um sich zu trösten, mit sehrenden Liedern gen Himmel zurücke;
Also war es auch itzt.) Sie eilten, und liessen den Knaben,
Oder hört ihrs so lieber, die weinende Gottheit, alleine.
520 Drauf entfloh er vor mir, ich ließ ihn immer entfliehen.
Einen so furchtsamen Feind zu verfolgen, war meiner nicht
würdig.
Unterbeß ließ ich, nicht müssig zu seyn, durch meinen Erwählten,
Meinen König, und Opferpriester Herodes, zu Bethlem
Säuglinge würgen.   Das rinnende Blut, der Sterbenden
Winseln,
525 [313] Und die Verzweiflung untröstbarer Mütter, der Aus=
fluß der Leichen,
Der, mit Seelen vermischt, mir wallend entgegendampfte,
Waren für meine befriedigte Gottheit ein liebliches Opfer.
Wandelt nicht dort der Schatten Herodes? Verworfene Seele,
War ichs nicht selbst, der in dir den Gedanken, die Beth=
lehemiten
530 Umzubringen, erschuf? Kann etwa des Himmels Bewohner
Seiner Bildungen mühsames Werk, die unsterblichen Seelen,
Vor mir beschützen, daß ich sie mit meiner verborgnen Be=
geistrung
Nicht umschatte, und über sie nicht zum Verderben mich breite?
Ja, Verlaßner, dein klägliches Winseln, dein banges Verzweifeln,
535 Und der Seelen Geschrey, die du sonst noch unschuldig erwürgtest,
Daß sie sündigend starben, und dir, und der Vorsehung fluchten,
Ist nun deinem befriedigten GOtt auch ein liebliches Opfer.
Als er starb, versammelte Götter, da kehrte der Knabe
Aus Aegyptens Gefilden zurück.   Die Jahre der Jugend
540 Bracht er im Schoße der zärtlichen Mutter, in ihrer Um=
armung
Unbekannt zu.   Kein jugendlich Feuer, kein edles Erkühnen
[314] Trieb ihn zu Unternehmungen an, sich furchtbar zu machen.
Doch, ihr Götter, im einsamen Wald, am öden Gestade,
Wo er oft war, da hat er vielleicht auf Dinge gesonnen,
545 Die, aus schrecklicher Ferne, der Hölle den Untergang drohen,
Und die von uns verneuerten Muth und Wachsamkeit fordern?
Seht, dieß glaub ich vielleicht, hätt er sich mit tiefen Gedanken

Mehr beschäfftigt, als mit der Betrachtung der Blumen und
Felder
Und der Kinder um ihn, und mit dem sclavischen Lobe
Deß, der ihn mit den Würmern aus niedrigem Staube ge-
macht hat.   550
Ja, ich wäre vor Ruh und langer Musse vergangen,
Hätte mir nicht der Menschen Geschlecht stets Seelen geopfert,
Die ich, vorm Himmel vorüber, hierher zur Bevölkerung sandte.
Endlich schien es, als wollt er auch einmal bemerkenswerth
werden.
GOttes Herrlichkeit kam, als er einst am Jordan herumgieng, 555
Prächtig vom Himmel. Sie hab ich mit diesen unsterblichen
Augen
Selbst am Jordan gesehn; kein Bild, kein himmlisches Blend-
werk
Hat mich getäuscht; sie wars, wie sie vom Throne des Himmels
[315] Durch die langen anbetenden Reihen der Seraphim
wandelt.
Aber, warum,- und ob sie, dem Erdenkinde zu Ehren,   560
Oder um unsere Wachsamkeit auszuforschen, herabstieg,
Dieß weiß ich nicht. Zwar hört ich darunter gewaltige Donner,
Donner mit dieser Stimme vermengt: Das ist mein Geliebter,
Und mein Sohn, der mir innig gefällt! Der war wohl Eloa,
Oder sonst einer vom Throne, der, mich zu verwirren, dieß aus-
rief.   565
GOttes Stimme wars nicht; zum mindsten klang sie viel
anders,
Als er uns Göttern vordem den Sohn der Ewigkeit auftrang.
Auch war ein finstrer Prophet dabei, der dort in der Wüste
Menschenfeindlich die Felsen durchirrt; der rief ihm entgegen:
Siehe das Lamm GOttes, das der Erden Sünde versöhnet! 570
Der du von Ewigkeit bist, der du lange schon vor mir gewesen,
Sey mir gegrüßt! Aus dir, o du der Erbarmungen Fülle!
Nehmen wir Gnad um Gnade. Durch Mosen gab GOtt
die Gesetze,
Aber durch den Gesalbten des HErrn kömmt Wahrheit und
Gnade.

575 Ist das nicht hoch und prophetisch genug? So ist es, wenn Träumer
[316] Träumer besingen, da bauen sie sich ein heiliges Dunkel.
Und ach! die armen unsterblichen Götter sind viel zu geringe,
Bis ins innre Gebäu der Geheimnisse durchzuschauen.
Will er uns nicht den hohen Messias, den König des Himmels,
580 Jenen Donnerer GOttes, der in der gewaltigen Rüstung
Wider uns stritt, bis wir die neuen Welten erreichten,
Unsern würdigen Feind und erhabenen Widersacher,
Will er den nicht in jene Gestalt, die wir tödten, verkleiden?
Zwar er selber, das Erdengeschöpf, von dem der Prophet träumt,
585 Dünkt sich nicht wenig zu seyn. Bald hat er die Todten erwecket,
Die doch der Ewige mühsam, ja mühsam, sonst thät ers wohl öfters!
Seine veraltete Macht nicht ganz zu vergessen, erwecket.
Bald will er gar das ganze Geschlecht der sterblichen Menschen
Von der Sünd und vom Tode befreyn: Von der Sünde, die allen
590 Eingepflanzt ist, und immer empörend und ungestüm immer
GOtt in ihren unsterblichen Seelen entgegen sich auflehnt,
Unbezwingbar der sclavischen Pflicht! Auch vom Tode, der alle,
Der das ganze Geschlecht, so oft wir ihm winken, durchwürget,
[317] Will er sie alle befreyn; euch auch, verworfene Seelen,
595 Die ich seit der Schöpfung zu mir, wie den Ocean, sammle,
Wie die Gestirne, wie GOtt die anbetenden sclavischen Sänger;
Ja, euch auch, die die ewige Nacht im Abgrunde quälet,
Und in der Nacht ein strafendes Feuer, im Feuer Verzweiflung,
In den Verzweiflungen ich! euch will er vom Tode befreyen.
600 Wir, wir werden alsdann, der Gottheit uneingedenk, sclavisch
Vor ihm liegen, vor ihm, dem neuen vergötterten Menschen.
Was der mit dem allmächtigen Donner nie von uns erzwinget,
Wird der aus des Todes Bezirk unbewaffnet vollenden.
Armer Verwegner! befreye dich erst, dann erwecke die Todten.
605 Er soll sterben, ja sterben! er, der das Geschlechte der Menschen
Eigenmächtig vom Tode befreyte. Dich leg ich in Staub hin

Bleich und entstellt, in den Staub der Todten! Dann will
ich den Augen,
Die nicht sehen, die Dunkel und Nacht nun ewig umnebeln,
Sagen: Ach seht, da erwachen die Todten; dann will ich
den Ohren,
Die nicht hören, die ewig dem Ton die Unfühlbarkeit zuschließt, 610
[318] Sagen: Ach hört! Es rauschet das Feld, die Todten
erwachen.
Und der Seele will ich, wenn sie zur Höllen entfliehet,
(Denn sie soll noch von mir, und von Todesquaalen erschüttert,
Sündigen und GOtt schmähn; so grausam will ich ihn tödten!)
Dann will ich ihr, wenn sie flieht, wenn sie im furchtbaren
Sturme 615
GOttes Verfolgungen treiben, mit donnernder Stimme nach-
rufen:
Eile, die du siegtest, ja eil in deinem Triumphe!
Dich erwartet ein prächtiger Einzug, die Pforten der Hölle
Thun vor dir einladend sich auf! Dir jauchzet der Abgrund!
Gegen dich wallen in feyrenden Chören die Seelen und Götter! 620
Doch du läßt ja die Gottheit zurück! Ists etwa der Leichnam,
Der sie noch deckt? oder eilt sie vielleicht ungesehen gen Himmel?

GOtt muß entweder anitzt, da ich hier bin, den fliehenden
Erdkreis
Mit ihm und dem Geschlechte der Menschen gen Himmel er-
heben:
Oder ich führ es hinaus, was ich mächtig bey mir beschlossen. 625
Er soll sterben! so wahr ich des Todes Erhalter und Schöpfer
[319] Unbesiegt die Zukunft der Ewigkeiten durchlebe.
Er soll sterben! Bald will ich von ihm den Staub der Ver-
wesung
Auf dem Wege zur Hölle, vorm Antlitz des Ewigen, ausstreun.
Seht den Entwurf von meiner Entschließung. So rächet
sich Satan! 630

So sprach Satan. Die Hölle blieb noch vor Verwunderung
stille.

Unten am Throne faß einer einfiedlerifch, finfter und traurig,
Seraph Abdiel Abbadona. Er dachte der Zukunft
Und dem Vergangnen voll Seelenangft, nach. Vor seinem
Gefichte,
635 Aus dem ein trübes entfegliches Dunkel mit Schwermuth
hervorbrach,
Sah er nur Quaalen auf Quaalen gehäuft in die Ewigkeit
eingehn.
Igo erblickt er die vorigen Zeiten; da war er voll Unfchuld
Jenes erhabenen Abdiels Freund, der am Tage des Aufruhrs,
Nach dem Meffias, im Himmel die größten Thaten vollführte;
640 Denn er kehrte zu GOtt allein und unüberwindlich
Wieder zurück. Mit ihm, dem edelmüthigen Seraph,
War schon Abbadona den Blicken der Feinde GOttes
Faft entgangen: Allein die Kriegeswagenburg Satans,
Die, im Triumph sie wieder zu holen, schnell um sie her=
um kam,
645 [320] Und der gewaltig einladende Lerm der Kriegesposaunen,
Und die Heldenfchaar, jeder ein GOtt, vor ihm ausgebreitet,
Uebermannten sein Herz, und riffen ihn ftürmisch zurücke.
Hier noch wollt ihn sein Freund mit Blicken drohender Liebe
Fortzueilen bewegen, allein von künftiger Gottheit
650 Trunken und umnebelt sah er die fonft mächtigen Blicke
Seines Freundes nicht mehr. Er kam im Triumphe zu
Satan.
Jammernd und in sich verhüllt, denkt er an diese Geschichte
Seiner heiligen Jugend, und an den lieblichen Morgen
Seiner Geburtszeit zurück; Der Ewige schuf sie auf einmal.
655 Damals besprachen sie sich mit angebohrner Entzückung
Unter einander: Ach, Seraph, was find wir? Woher, mein
Geliebter?
Sahft du zuerft mich? Wie lange bift du? Ach, find wir
auch wirklich?
Komm, umarme mich, göttlicher Freund, erzähle, was denkft du?
Indem kam die Herrlichkeit GOttes aus lichtheller Ferne
660 Segnend einher. Sie sahen um sich nicht zu zählende Schaaren
Neuer Unfterblichen wandeln. Ein wallend filbern Gewölke

Hub sie zum Ewigen auf: Sie sahn ihn, und nannten ihn
         Schöpfer.
Diese Gedanken zermarterten Abbadona, sein Auge
[321] Floß von iammernden Thränen. So floß von Beth=
         lehems Bergen
Rinnendes Blut, da die Säuglinge starben. Er hatte den
         Satan   665
Schauernd gehört, doch ermuntert er sich, und erhub sich, zu
         reden.
Dreymal seufzt er noch, eh er was sprach. Wie in blutigen
         Schlachten
Brüder, die sich erwürgt, und, da sie sterben, sich kennen,
Neben einander aus röchelnder Brust ohnmächtig erseufzen.
Drauf fieng er an zu reden: Ob mir gleich diese Versammlung 670
Ewig entgegen seyn wird, so will ich dennoch frey reden!
Reden will ich, damit des Ewigen schwere Gerichte
Nicht so ungestüm über mich kommen, wie über dich, Satan!
Ja, ich hasse dich, Satan, dich haß ich, Verruchter! Dieß
         Wesen,
Diesen unsterblichen Geist, den du dem Schöpfer entrissen, 675
Fordr er, dein Richter, auf ewig von dir! Ein unendliches
         Wehe
Schreye die ganze Versammlung der Geisterwelt, die du ver=
         führt hast,
Ueber dich, Satan! Ich habe kein Theil an dir, ewiger Sünder,
GOttesleugner! kein Theil an deiner finstern Entschliessung,
GOtt den Messias zu tödten. Ach! wider wen redest du,
         Satan?   680
[322] Wider den, der, wie du selbst zu bekennen gezwungen
         bist, furchtbar
Mächtiger, als du, ist? Ist für die sterblichen Menschen
Eine Befreyung vorhanden, du wirst sie nicht hintertreiben;
Du willst den Leib des Messias, den willst du, Satan, erwürgen?
Kennest du ihn nicht mehr? Hat sein allmächtiges Donnern 685
Dich nicht genug an dieser verwegnen Stirne gezeichnet?
Oder kann sich GOtt nicht vor uns Ohnmächtigen schützen?
Wir, die die Menschen zum Tode verführten; ach wehe mir, wehe!

Ich that es auch! Wir wollen uns nun an ihrem Erlöser
690 Wütend vergreifen? Den Sohn, den Donnergott, wollen
                                                wir tödten?
Ja, ben Zugang zu einer vielleicht zukünftigen Rettung,
Ober, zum mindsten zur Linbrung ber Quaal, ben wollen
                                                wir ewig
Uns, so vielen vorbem volkommnen Geistern, verschliessen?
Satan! so wahr wir alle die Quaal nur gewaltiger fühlen,
695 Wenn bu biese Behausung ber Nacht unb ber bunkeln Ver=
                                                bammniß
Königlich nennst, so wahr kehrst bu mit Schanbe belastet,
Statt bes Triumphs, von GOtt unb seinem Messias zurücke!

    Satan hört ihn voll grimmiger Ungebult also reben.
Itzt wollt er auf ihn bonnern, allein die schreckliche Rechte
700 Sank ihm zitternd im Zorne bahin, er stampft unb erbebte.
Dreymal bebt er vor Wut, dreymal sah er Abbabonaa
[323] Ungestüm an, unb schwieg. Sein Auge warb bunkel
                                                vor Grimme,
Ihn zu verachten, ohnmächtig; boch Abbabonaa blieb ernsthaft
Unb unerschrocken vor ihm mit traurigem Angesicht stehen.
705 Aber GOttes, ber Menschen, unb Satans Feind, Abrameled)
Sprach: 'Aus finstern Wettern will ich mit bir reben, Ver=
                                                zagter,
Dir soll ein Ungewitter die Antwort entgegen bonnern!
Darfst bu die Götter so schmähn? Darf einer ber niebrigsten
                                                Geister
Wiber Satan unb mich) aus seiner Tiefe sich rüsten?
710 Wirst bu gepeinigt, so wirst bu von beinen niebern Gebanken,
Sclave, gepeinigt! Entfleuch, Verzagter, aus biesen Bezirken
Unsrer Herrschaft, wo Könige sinb! Entfleuch in die Tiefe,
Laß bir von beinem Allmächtigen bort ein Quaalenreich bauen!
Allba bring die Unsterblichkeit zu! Doch bu stürbest wohl lieber!
715 Stirb benn, vergeh, anbetenb unb sclavisch) gen Himmel ge=
                                                blicket!
Der bu mitten im Himmel bein Götterwesen erkanntest,
Unb bem berufnen Allmächtigen kühn, mit heiligem Zürnen,

Widerſtandeſt, zukünftiger Schöpfer unzählbarer Welten,
Komm, Gott Satan, wir wollen den kleinen niedrigen Geiſtern
Unſern furchtbaren Arm durch Unternehmungen zeigen,   720
[324] Die, wie ein Wetter, auf einmal ſie blenden und nieder-
                                                        ſchlagen!
Komm! Labyrinthe verborgener Liſt, zum Verderben verwirret,
Zeigen ſich mir! Der Tod iſt darinn. Kein öffnender Ausgang
Und kein Führer ſoll ihn den Labyrinthen entreiſſen.
Doch entflöh er auch unſerer Liſt, gäbſt du im Olympus,   725
Uns zu entrinnen, ihm Götterverſtand: ſo ſollen im Grimme
Feurige Wetter ihn ſchnell vor unſern Augen verderben!
Wie die Wetter, womit wir vordem den Geliebteſten GOttes,
Seinen glückſeligen Job, vorm Antlitz des Himmels beſtritten.
Fleuch, fleuch, Erde, wir kommen mit Tod und Hölle bewaffnet!   730
Wehe dem, der auf unſerer Welt ſich wider uns auflehnt!

Alſo ſprach Abramelech. Nun fiel die ganze Verſammlung
Satan auf einmal mit Ungeſtüm bey. Gleich ſtürzenden Felſen
Stampft ihr gewaltiger Fuß, daß die Tiefe davon erbebte.
Jauchzend und ſtolz auf künftigen Sieg erregten ſie um ſich   735
Ein entſetzlich Getöſe von Stimmen. Die giengen vom Aufgang
[325] Bis zum Niedergang hin; der Satane ganze Verſamm-
                                                        lung
Willigt darein, den Meſſias zu tödten. Dergleichen That ſahe
Seit der Schöpfung die Ewigkeit nicht. Ihr unſelger Erfinder,
Satan, und Abramelech, voll Rachſucht und grimmigen Tief-
                                                        ſinns,   740
Stiegen vom Throne. Die Stufen ertönten, wie eherne Berge,
Da ſie giengen. Ein lauter zum Sieg empörender Zuruf
Leitete ſie jauchzend bis zu den Pforten der Hölle.

Abbadonaa, (der einzige war unbeweglich geblieben,)
Folgte von fern, entweder ſie noch von der Bosheit zu wenden, 745
Oder den Ausgang der ſchrecklichen Thaten mit anzuſehen.
Itzo nähert er ſich mit ſäumendem Tritte den Engeln,
Die die Pforte bewachten. Wie war dir, Abbadonaa?
Da du hier deinen ehmaligen Freund, den Abdiel, wahrnahmſt.

                                                        4*

750 Seufzend schlug er sein Angesicht nieder. Itzt wollt er zurück=
gehn,
Itzo wollt er sich nähern, dann wollt er verlassen und schüchtern
Ins Unermeßliche fliehen; allein noch blieb er mit Zittern
Wehmuthsvoll stehn. Nun faßt er sich ganz auf einmal zu=
sammen,
[326] Gieng auf ihn zu. Ihm klopfte sein Herz mit mäch=
tigen Schlägen;
755 Stille, den Engeln nur weinbare Thränen bedeckten sein Antlitz;
Seufzer aus tiefer erbebender Brust; ein langsamer Schauer,
Sterbenden selbst unempfindbar, erschütterten Abbadonaa,
Indem er gieng. Doch Abbiels ruhig eröffnetes Auge
Sah unverwandt nach der Welt des Schöpfers, dem er ge=
treu blieb;
760 Ihn sah es nicht. Wie die Sonn in der Jugend, wie Frühlings=
tage,
Die in den Schoß der kaum erschaffnen Erde sich senkten,
Glänzte der Seraph, doch nicht für den traurigen Abbadonaa.
Dieser ging fort, und seufzte bey sich verlassen und einsam:

Abbiel, mein Bruder, du willst dich mir ewig entziehen!
765 Ewig willst du mich ferne von dir in der Einsamkeit lassen!
Weinet um mich, ihr Kinder des Lichts! Er liebt mich nicht
wieder,
Ewig nicht wieder, ach weinet um mich! Verblühet, ihr Lauben,
Wo wir von GOtt und unserer Freundschaft uns zärtlich
besprachen!
Himmlische Bäche, versiegt, wo wir, in süsser Umarmung,
770 GOttes des Ewigen Lob mit reiner Stimme besangen!
Abbiel, mein Bruder, der ist mir auf ewig gestorben!
[327] Du mein finsterer Aufenthalt, Hölle, du Mutter der
Quaalen,
Ewige Nacht, beklag ihn mit mir! Ein traurig Gehenle
Steige, wenn mich GOtt schreckt, von deinen Bergen hernieder.
775 Abbiel, mein Bruder, der ist mir auf ewig gestorben!

Also jammert er seitwärts gelehrt. Drauf stand er am Eingang

In das göttliche Weltgebäu, zwischen zween Orionen.
Hier stand er still. Er sahe die Welt und den göttlichen Himmel,
Weil er sich stets, in sein Elend vertieft, in Einsamkeit ein-
                                                    schloß,
Seit Jahrhunderten nicht. Er stand betrachtend, und sagte: 780

    Seliger Eingang, o dürft ich durch dich in die Welten
                          des Schöpfers
Wiederkehren! Und niemals das Reich der dunkeln Verdammniß
Wiederbetreten! Ihr Sonnen, unzählbare Kinder der Schöpfung,
War ich nicht schon, da der Ewige rief, da ihr glänzend hervor-   •
                                                    giengt,
Heller als ihr, da ihr itzt aus der Hand des Schöpfers herabkamt? 785
Nun steh ich da in meiner Verfinstrung, verworfen, ein Abscheu
Dieser herrlichen Welt! Und ach, du seliger Himmel,
Itzo erbeb ich erst, da ich dich sehe! Dort bin ich gefallen,
[328] Dort stand ich wider den Ewigen auf. Du, unsterbliche
                          Ruhe,
Meine Gespielinn im Thale des Friedens, wo bist du geblieben? 790
Ach, an deiner Statt läßt mir mein Richter ein traurig Erstaunen
Kaum noch über sein Weltgebäu zu! O dürft ichs nur wagen,
Ohne zu zittern, ihn Schöpfer zu nennen, wie willig und gerne
Wollt ich alsdann den zärtlichen Vaternamen entbehren,
Mit dem ihn seine Getreuen, die Seraphim, kindlich nennen. 795
O du Richter der Welt! dir darf ich Aermster nicht flehen,
Daß du mit einem Blicke mich nur im Abgrund hier ansähst.
Finstrer-Gedanke, Gedanke voll Quaal! Und du, wilde Ver-
                                                    zweiflung!
Wüte, Tyranninn, ja wüte nur fort! ... Wie bin ich so elend! ...
Wär ich nur nicht! ... Ich fluche dir, Tag, da der Schöpfung
                          GOtt sagte: 800
Werde! Da er von Osten mit seiner Herrlichkeit ausgieng!
Ja, dir fluch ich, o Tag, da die neuen Unsterblichen sprachen:
Unser Bruder ist auch! Du, Mutter unendlicher Quaalen,
Warum gebahrest du, Ewigkeit, ihn? Und mußt er ja werden,
Warum ward er nicht finster und traurig, der ewigen Nacht
                          gleich,   805

In der mit Ungewitter gerüstet der Donnerer auszieht,
[329] Leer von Geschöpfen, vom Zorn und Fluche der Gott=
                                   heit belastet?
Aber, ach wider wen redest du hier im verlassenen Abgrund,
Lästrer! Auf, Sonnen fallt über mich her, bedeckt mich, ihr
                                   Sterne,
810 Vor dem grimmigen Zorn beß, der vom Throne der Rache
Ewig als Feind und Richter mich schreckt! Du, in deinen
                                   Gerichten
Ganz Unerbittlicher! ist denn in deiner Ewigkeit künftig
Nichts mehr von Hoffnungen übrig? Ach, wird denn, gött=
                                   licher Richter,
Schöpfer, Vater, Erbarmer!... Ach, nun verzweifl ich von
                                   neuem,
815 Denn ich habe Jehova gelästert! Ihn hab ich mit Namen,
Die ich ohne Versöhner nicht nennen darf, angeredet.
Ich entfliehe! Schon rauschet von ihm ein allmächtiger Donner
Durch das Unendliche furchtbar daher! Doch wohin? = = =
                                   · Ich entfliehe!
Also sagt er, und sahe betäubt in die Tiefe des Abgrunds.

820   Schaffe da Feuer, ein tödtendes Feuer, das Geister verzehre,
GOtt, Verderber der Wesen, die du ohn ihr Wollen erschufest!
Rief er im Hinabsehn, doch da wurde kein tödtendes Feuer.
Darum wandt er sich um, und floh in die Welten zurücke.
Itzo stand er ermüdet auf einer erhabenen Sonne,
825 [330] Schaute von da in die Tiefen hinab; da drängten Gestirne
Andre Gestirne, wie glühende Seen. Ein irrender Erdkreis
Näherte sich, schon dampft er, schon war sein Weltgericht nahe.
Auf den stürzte sich Abbadonaa, um mit zu vergehen;
Doch er vergieng nicht, und senkte, betäubt vom ewigen Kummer,
830 Wie ein gebeinvoller Berg, wo vormals Menschen sich würgten,
Im Erdbeben versinkt, langsam zur Erde sich nieder.

      Unterdeß war Satan nebst Abramelech der Erde
Auch schon näher gekommen. Sie giengen neben einander,
Jeder allein, und in sich gekehrt. Itzt sahe den Erdkreis

Abramelech vor sich in ferner Dunkelheit liegen.   835

Das ist sie also, so sagt er bey sich, so drängten Gedanken
Andre Gedanken, wie Wogen des Meers, wie der Ocean drängte,
Als er von drey Welten dich, fernes Amerika, losriß;
Das ist sie also, die ich, so bald ich Satan entfernet,
Oder mich über ihn siegend vor allen verherrlichet habe,   840
Die ich alsdann, als Schöpfer des Bösen, allein beherrsche!
Aber warum nur sie? Warum nicht auch iene Gestirne,
Die zu lange schon selig, um mich, durch die Himmel daher
        gehn?
[331] Ja, auch dort soll der Tod von einem Gestirne zum andern
Bis an die Gränze des Himmels vorm Antlitz des Ewigen tödten!   845
Dann würg ich nicht die vernünftigen Wesen, wie Satan, nur
        einzeln;
Nein, zu ganzen Geschlechtern! Die sollen vor mir sich in
        Staub hin
Niederlegen, ohnmächtig sich krümmen, und winden, und jam-
        mern.
Wenn sie sich winden und krümmen und jammern, so sollen
        sie sterben!
Dann will ich hier, oder dort, oder da, triumphirend und einsam 850
Sitzen, und mich umsehn. Die du nun deinen Geschöpfen
Durch mich zum Grabe geworden, Natur, auf deine Verwesten,
In dein tiefes unendliches Grab will ich lachend hinabsehn!
Auch will ich ihn, wenn er flieht, wenn ihn das Anschaun
        der Todten
Uberall umringend vom alten Throne vertreibet,   855
Selbst den Ewigen will ich alsdann auch lachend betrachten.
Oder gefällts ihm vielmehr im düstern Grabe der Welten
Neue Geschöpfe zu baun, daß ich sie von neuem verderbe:
Auch die will ich alsdann, mit eben der Allmacht, wie vormals,
Wieder von einem Gestirne zum andern verführen und tödten. 860
[332] Abramelech, das bist du! Doch möcht es dir endlich ge-
        lingen,
Daß du auch das Sterben der Geister erfändest, daß Satan
Durch dich vergieng, und von dir verderbt in ein Unding zerflösse!

Unter ihm sollst du kein Werk, daß deiner nur würdig ist,
enden!

865 Feuriger Geist, der du Abramelech beseelest, erschaffe!
Tödte die Geister, ich fluche dir, tödte sie, oder vergehe!
Ja, vergehe, sey lieber nicht mehr, eh du lebst und nicht herrschest!
Ja, ich will hingehn, gehn will ich, und alle meine Gedanken
In mir, wie Götter, versammeln, sie sollen erfinden und tödten.

870 Itzt ist es Zeit, worauf ich seit Ewigkeiten schon dachte,
Das zu vollenden. Ja itzo, da GOtt von neuem erwachet,
Und, wenn Satan nicht irrt, uns einen Erlöser der Menschen,
Unser erobertes Reich uns abzunehmen, herabschickt.
Doch er mag immer nicht irren, der Mensch sey der größte
Prophete

875 Unter den Propheten seit Abam, er heiße Messias
Oder auch GOtt, so soll er nur mir zur Verherrlichung da seyn!
Seine Vernichtung soll mich vor der ganzen Geisterversammlung
Zu der Besitzung des höllischen Thrones zum würdigsten machen:
[333] Oder, was ich vielmehr von meiner Gottheit erwarte,

880 Was du vielmehr, unsterblicher Abramelech vollendest,
Wenn ich Satan vor ihm noch verderbe, so sey er der Erstling
Meiner Besiegten, mit deren Vernichtung mein neues Reich
anfängt.
Armer Satan, wie schwer wird dirs, den Leib des Messias
Nur zu erwürgen! Erwürg ihn nur! Ja, so kleine Geschäffte

885 Laß ich dir, eh du vergehst: ich aber tödte die Seele!
Die vernicht ich; den sterblichen Staub magst du mühsam
zerstreuen!
Und wenn der Ewige sie vor andern Seelen erwählte,
Wenn er sie, sich zu verherrlichen, schuf: so soll er voll Jammer
Um sie in einsamer Ewigkeit klagen! Drey schreckliche Nächte

890 Soll er um sie klagen! Wenn er sich ins Dunkle verhüllt hat,
Soll drey schreckliche Nächte kein Seraph sein Angesicht sehen!
Dann will ich durch die ganze Natur ein tiefes Geheule
Hören, ein tiefes Geheul am dunkeln verfinsterten Throne,
Und ein Geheul in der Seelen Gefild, ein Geheul in den
Sternen,

895 Da, wo der Ewige wandelt, das will ich hören, und Gott seyn!

Also verlohr sich sein Geist, vom wünschenden Herzen em-
pöret,

[334] In verruchte Gedanken. GOtt, der die Zukunft durch-
schaute,

Hört ihn, und schwieg. Voll ermüdenden Tiefsinns blieb
Adramelech

Unvermerkt auf einer sich um ihn sammelnden Wolke,

Starr mit glühender Stirn, die der Grimm durchfaltete, sitzen. 900

Doch das Getöse der wankelnden Erde, die itzt mit der Nacht
kam,

Weckte den Verruchten von seinen schwarzen Gedanken.

Itzo gesellt er sich wieder zu Satan. Sie giengen und stürmten

Gegen den Oelberg, den Mittler daselbst mit seinen Vertrauten

Aufzusuchen. So stürzen zween tödtende Kriegeswagen   905

In die Thäler, dem ruhigen Feldherrn des Feindes entgegen.

Itzo sandten sie, hoch von dunkeln donnernden Bergen,

Eherne Krieger; sie rauschen mit eisernem wilden Getöse

Ueber die Felsen, und krachen, und donnern, und tödten von
ferne.

Also kam Adramelech und Satan zum Oelberg hernieder.   910

Dritter Gesang.

Sey mir gegrüßt! ich sehe dich wieder, die du mich gebahrest,

Erde, mein mütterlich Land, die du mich im kühlenden Schoosse

[335] Einst zu den Schlafenden GOttes begräbst, und meine
Gebeine

Sanft bedeckst; doch dann erst, dieß hoff ich zu meinem Erlöser,

Wenn von ihm mein heiliges Lied zu Ende gebracht ist.   5

Alsdann sollen die Lippen sich erst, die ihn zärtlich besangen;

Dann erst sollen die Augen, die seinetwegen vor Freuden

Oftmals weinten, sich schliessen; dann sollen erst meine Freunde

Und die Engel mein Grab mit Lorbeern und Palmen um-
pflanzen,

Daß, wenn ich einst nach himmlischer Bildung vom Tod er-
wache,   10

Meine verklärte Gestalt aus stillen Hainen hervorgeh.

Und du, die du zur Hölle mich führtest, unsterbliche Muse,
Und nun meinen noch bebenden Geist zurücke gebracht hast,
Du, die vom göttlichen Blick die ernste Gerechtigkeit lernte,
15 Aber auch ihren Vertrauten mit süsser Freundlichkeit lächelt,
Heitre die Seele, die noch von ihren Gesichten umgeben
Innerlich bebt, mit himmlischem Licht auf, und lehre sie ferner,
Ihren erhabnen anbetungswürdigen Mittler besingen.

JEsus war noch allein mit Johannes im Grabmal der
Todten.
20 [336] Unter zerstreuten Gebeinen, von Nacht und Schatten
umgeben,
· Saß er, und überdachte sich selber, den Sohn des Ewgen,
Und den Menschen zum Tode bestimmt. Vor seinem Gesichte
Sah er die Sünden der Menschen, die alle, die seit der Er-
schaffung
Adams Kinder vollbrachten, auch die, so die schlimmere Nachwelt
25 Sündigen wird, ein unzählbares Heer, GOtt fliehend, vorbey-
gehn.
Satan war mitten darinnen, und herrschte. Vom Angesicht
GOttes
Trieb er, den Sünder, das Menschengeschlecht, und versammelt
es zu sich,
Wie die Ebnen des Meers ein mitternächtlicher Strudel
Rings um in sich verschlingt, und immer zum Untergang offen,
30 Unsichtbar unter den Wolken des niedersteigenden Himmels,
Alle zu sichre Bewohner des Meers in die Tiefen hinabzieht.
JEsus sah die Sünden und Satan. Drauf sah er zu GOtt auf.
GOtt, sein Vater, sah auch nach ihm tiefsinnig hernieder.
Zwar brach aus seinem erhabenen Blick das ernste Gerichte
35 Langsam hervor; zwar donnerte GOtt, und schreckt ihn von
ferne.
[337] Gleichwohl blieben noch Züge des unaussprechlichen
Lächelns
In dem Antlitz voll Gnade zurück. Die Seraphim sagen,

Damals habe der ewige Vater die andere Thräne
Stille geweint. Er weinte die erste, da Adam verflucht ward.
Also sahn sie sich an. In feyrender Sabbathstille   40
Neigt sich vor ihnen die ganze Natur. Voll Ehrfurcht und
                    wartend
Bleiben die Weltgebäu stehn, und, auf beyder Anschaun gerichtet,
Geht der betrachtende Cherub in stillen Wolken vorüber
Auch kam Seraph Eloa, von himmlischen Wolken umgeben,
Zu der Erden herunter, und sah von Antlitz zu Antlitz   45
Den Messias, und zählte die menschenfreundlichen Thränen,
Alle Thränen, die JEsus weinte. Drauf stieg er gen Himmel.
Als er hinaufstieg, erblickt ihn Johannes. Ihm öffnete JEsus,
Daß er den Seraph erblickte, die Augen. Er sah ihn, und staunte,
Und umarmte voll Inbrunst den Mittler, und nannt ihn mit
                    Seufzern   50
Seinen Erlöser und GOtt, mit unaussprechlichen Seufzern
Nannt er ihn so, und blieb bey ihm in süsser Umarmung.

Aber die übrigen Eilfe, die JEsum schon lange nicht sahen,
Giengen im Dunkeln am Fusse des Oelbergs, und suchten
                    ihn traurig.
[338] Ausser einem, der JEsum, wie sie, nicht mehr zärtlich
                    verehrte,   55
Waren sie Männer voll Unschuld. Die Göttlichkeit ihrer
                    Herzen
Kannten sie nicht. GOtt kannte sie besser. Er schuf sie zu
                    Seelen,
Welche dereinst des Ewigen Offenbarungen schauten.
Doch nicht jener zugleich, der, der himmlischen Jüngerschaft
                    unwerth,
JEsum verrieth. Er konnte sie schaun, verrieth er nicht
                    JEsum.   60
Ihnen wurden schon, eh sie der Leib der Sterblichkeit einschloß,
Neben den Stülen der vier und zwanzig Aeltsten im Himmel
Goldene Stüle gesetzt; doch einer der goldenen Stüle
Ward einst mit Wolken bedeckt, bald aber entflohen die Wolken,
Und ein lichtheller ewiger Glanz gieng wieder vom Stul aus.   65

Dazumal rief Eloa und sprach: Er ist ihm genommen,
Und ist einem andern gegeben, der besser, als er ist!

Ihre Beschützer, zwölf Engel der Erde, die unter der Aufsicht
Gabriels stehn, erhuben sich itzt auf die Höhen des Oelbergs,
70 Und betrachteten da mit freundschaftsvollem Vergnügen
Unsichtbar ihre Gespielen, wie sie den göttlichen Mittler
Ueberall thränenvoll suchten. Da kam mit flüchtigen Schritten
[339] Aus der Sonnen ein Seraph, und stund auf einmal
bey ihnen.
Dieser war einer von Vieren, die gleich nach Uriel herrschen.
75 Selia, so hieß er, itzt sprach er also zu ihnen:

Sagt mir, himmlische Freunde, wo ist er, in welchen Ge=
filden
Wandelt er itzt, der grosse Messias? Die Seelen der Väter
Senden mich, ich soll ihn auf allen göttlichen Wegen
Still begleiten, und iegliche That der grossen Erlösung
80 Achtsam bemerken; kein heiliges Wort, kein zärtlicher Seufzer
Soll mir von seinem unsterblichen Mund ungehöret entfliehen;
Himmlische Freunde, kein tröstender Blick, und keine der Zähren,
Jener getreuen der Gottheit und Menschheit so würdigen
Zähren
Sollen unangemerkt mir im göttlichen Auge sich zeigen.
85 Ach zu früh entziehst du dem Blicke der heiligen Väter,
Erde, dein schönstes Gefilde, wo GOtt in Hüllen der Menschheit
Wandelt, und das Opfer des grossen Mittleramts anfängt!
Ach zu früh entfliehst du dem Tag und Uriels Antlitz,
Der nun ungern und traurig den untersten Welttheil un=
leuchtet!
90 Dort ist ihnen kein änderndes Thal, kein erwachend Gebirge
Angenehm; denn hier wandelt er nicht, der grosse Messias!

[340] Selia endigte so. Ihm erwiederte Seraph Orion,
Simons Schutzgeist. Dort unten, wo sich die traurigen Gruben
Oeffnen, und sich sinkend mit des Oelbergs Fusse vertiefen,
95 Dort steht, himmlischer Freund, der hohe Messias und denket.

Selia sah ihn, und blieb unverwandt in stiller Entzückung
Stehn.   Schon waren mit leichtem Gefieder zwo fliehende
                              Stunden
Ueber sein Haupt mit der Stille der Nacht vorübergeflogen,
Als er noch stand.   Indem kam der letzte vertrauliche Schlummer
In das Auge des Mittlers herab, die heilige Ruhe   100
Eilte, gesandt von GOtt, vom Allerheiligsten GOttes,
Auf ihn, mit kühlendem Säuseln, in stillen Düften hernieder.
JEsus schlief ein.   Drauf wandte sich Selia zu der Ver-
                              sammlung,
Und trat mitten hinein und sprach vertraulich zu ihnen:

Meldet mir, himmlische Freunde, wer sind die Männer
                              dort unten,   105
Die da wandeln, und wie verlassen, und traurig herumgehn?
Sehet, ein stiller einnehmender Schmerz deckt ihre Gesichter,
Doch entstellt er sie nicht.   So drücken sich edle Gemüther
Wehmuthsvoll aus.   Sie weinen vielleicht um einen geliebten
[341] Und entschlafenen Freund, der ihnen an Tugenden gleich
                              war.   110

Ihm erwiedert Orion: Das sind die Heiligen Zwölfe,
Selia, die JEsus sich zu Vertrauten erwählte.
Ach, wie selig sind wir, daß uns ihr Meister erlesen,
Ihre Beschützer und Freunde zu seyn!   Da sehen wir immer,
Wie er mit süsser geselliger Liebe sich ihnen eröffnet,   115
Wie er sie lehrt, wie er bald mit mächtigen Reden den Eingang
Zu den hohen Geheimnissen zeigt, bald in menschlichen Bildern
Dich, unsterbliche Tugend, verklärter und fühlbarer zeiget,
Und nach und nach ihr empfindendes Herz zur Ewigkeit bildet.
O wie viel erlernen wir da! wie macht uns sein Beyspiel   120
Aufmerksam, und wie reizet er uns, ihm anbetend zu folgen!
Selia, solltest du ihn und seinen göttlichen Wandel,
Und sein edles, des ewigen Vaters so würdiges Leben
Täglich sehen, dein Herz zerflöß in stiller Entzückung!
Auch ist es schön, und klinget auch selbst in unsterblichen Ohren 125
Lieblich, wenn seine Vertrauten von ihm sich zärtlich besprechen.

Freund, wie wir uns, so lieben sie ihn. Ich hab es hier öfters
In der Versammlung gesagt, und wiederhol es auch itzo:
[342] Vielmals wünsch ich von Adams Geschlecht, ja selber
auch sterblich
130 Mit den Menschen zu seyn; wenn anders ohne die Sünde
Eine Sterblichkeit seyn kann. Vielleicht verehrt ich ihn treuer.
Meinen Bruder von eben dem Fleisch und Blute gebohren
Lieb ich vielleicht weit brünstiger noch. Mit welcher Entzückung
Wollt ich für ihn, der zuerst für mich starb, mein Leben verlieren!
135 Mitten im heissen unschuldigen Blute, mit brechenden Augen
Wollt ich ihn loben; mein schwaches Geseufz; mein sterbendes
Stammeln
Sollte so harmonisch, wie die hohen Lieder Eloa,
Wenn er am Throne vorbeygeht, in göttlichen Ohren ertönen.
Alsdann solltest du, Selia, mir, oder einer von diesen
140 Sanft mit unsichtbarer Hand die gebrochnen Augen zudrücken,
Und die entfliehende Seele zum Thron des Ewigen führen.

Selia sprach: Wie rühreft du mich! Wie nimmt mich dein
Wünschen,
Edler Orion, mit Zärtlichkeit ein! Die Männer dort unten,
Die sind also die heiligen Zwölfe, die Freunde des Mittlers?
145 [343] Welche zu seyn, selbst Seraphim, auch mit der Sterb=
lichkeit, wünschen.
Seyd mir gesegnet! Ihr seyd es auch würdig, Unsterbliche,
denn euch
Liebt der Erlöser, wie Brüder, ihr werdet auf goldenen Stülen
Sitzen, und den Weltkreis mit eurem Könige richten.
Seraphim, nennet sie mir! Ich will die Namen auch hören,
150 Die schon lange mit glänzenden Zügen im Lebensbuch stehen.
Nennt mir jenen zuerst, der dort mit feurigen Augen
Um sich blickt, und im schattichten Walde mit Ungeduld suchet;
JEsum vielleicht. Muth, und ein kühnes entschlossenes Wesen
Seh ich in seinem Gesicht. Aufrichtig sagt es mir alles,
155 Was vom fühlenden Herzen belebt die Seele gedenket.

Dieser ist Simon Petrus, erwiederte Seraph Orion,

Einer der größten.   Mich wählte der Mittler zu seinem Be-
schützer.
Wie du sagtest, so ist auch mein Freund.   Du solltest ihn
immer
Nebst mir in allem seinen Betragen, in JEsu Gesellschaft,
Wenn er inbrünstig ihn hört, auch wenn er am fernen Gestade 160
Von ihm getrennt, und von mir begleitet und von mir begeistert,
Schlummert und von GOtt träumt, da solltest du immer ihn
sehen,
[344] Seraph, du würdest sein fühlendes Herz noch göttlicher
nennen.

Jüngst als JEsus die Jünger befragte, für wen sie ihn hielten,
Sprach er: du bist JEsus, der Sohn des lebendigen GOttes! 165
Dieses sagt er, und weinte vor Freude.   Wir weinten auch,
Seraph,
Als er die Worte vor unaussprechlichen Seufzern kaum ganz
sprach.

Aber ach! hätt ich nur nicht selbst aus dem Munde des Mittlers
Dieß von Petrus gehört, du wirst mich dreymal verleugnen,
Traurige Worte, was saget ihr mir! Ach Simon, mein Bruder, 170
Hörtest du sie? Und wenn du sie hörtest, was dachte dein Herze?
Simon, du sagtest zwar kühn: Du wolltest ihn niemals ver-
leugnen,
Deinen Erlöser und GOtt! Doch JEsus sagt es noch einmal.
Wenn du es wüßtest, wie mir mein Herz für Wehmuth zerfließet,
Wenn ich dran denke, du stürbest viel lieber, als daß du den
besten,
175
Deinen getreusten unsterblichen Freund unedel verkenntest.
Doch du weißt ja, wie JEsus dich liebt. Du sahst ja sein Auge,
Das voll göttlicher Huld bey diesen Worten dich ansah.
[345] Simon Petrus, du wirst ihn doch nicht unedel verkennen.

Selia hört ihn.   Den Seraph durchdrang ein zärtlicher
Kummer.
180
Nein, so sagt er zu ihm, nein, theurer Orion, er wird nicht
Seinen getreusten unsterblichen Freund unedel verleugnen!
Schau ihn nur an, welch redliches Herz dieß Angesicht ausdrückt!

Aber, wer ist iener, der dort auf männlicher Stirne
185 Feuer zur Tugend, und zürnenden Haß der Laster verbreitet,
Unerbittlich den sclavischen Sündern, die GOtt verkennen?
Ist er nicht Simons Vertrauter? O wie er sich um ihn be=
schäfftigt!
Wär er sein Bruder, so könnt er ihm nicht vertrauter begegnen!

Sipha, sein Engel, nahm itzo das Wort: Du irrest nicht,
Seraph,
190 Dieser ist Simons Bruder, Andreas. Sie wuchsen zugleich auf,
Und Orion, und ich, wir erzogen der Jünglinge Seelen
Neben einander mit Sorgsamkeit auf. Oft hab ich ihn damals,
Wenn mit Zärtlichkeit beyde die brünstige Mutter umarmte,
Unvermerkt zu jener vollkommnern Liebe gebildet,
195 [346] Die er dereinst dem grossen Messias heiligen sollte.
Als ihm JEsus am Jordane rief, da war er noch einer
Von den Jüngern Johannes. Noch klang ihm die Rede Jo=
hannes
Von dem kommenden Mittler in seinem aufmerksamen Ohre;
Als ihn mit einem durchbringenden Blick, voll segnender Liebe,
200 JEsus berief. Ich hab ihn gesehn, ein göttliches Feuer
Drang gewaltig in ihn, er flog dem Messias entgegen!

Itzo sprach, Philippus Schutzgeist, Libaniel, also:
Den du dort unten um beyde gesellig und friedsam erblickest,
Dieser ist Philippus. Ein menschenfreundliches Lächeln
205 Bildet die Züge des stillen Gesichts. Ein treues Bestreben,
Alle, die GOtt zum Bilde sich schuf, wie Brüder zu lieben,
Ist der geliebteste Trieb in seinem göttlichen Herzen.
Auch hat sein Schöpfer in ihn der süssen Beredsamkeit Gaben
Reichlich gelegt. Wie von Hermon der Thau, wenn der
Morgen erwacht ist,
210 Treufelt, und wie wohlriechende Lüfte dem Oelbaum entfliessen,
Also fliesset die liebliche Rede vom Munde Philippus.

Selia sprach weiter: Der dort mit langsamen Schritten
Unter den Cedern heraufgeht, wer ist der? Auf seinem Gesichte

[347] Glüh die edle Begierde nach Ruhm. Da geht er, wie
                                    einer
Von den unsterblichen, welche der Nachwelt ihre Geschäffte   215
Heiligen, und von Enkel zu Enkel unsterblicher werden.
Oft bleibt ihr Ruhm nicht auf Erden allein. Unbegränzter
                                    und ewig
Geht er von einem Gestirne zum andern. Und war ihr Geschäffte,
Würdige Lieder von GOtt und seinem Messias zu singen,
Seraphim, so wißt ihr, wie wir sie den Himmeln erzählen.   220

    Seraph Adona sprach itzt: Jakobus der Zebedäide
Ist der, welchen du siehst. Sein edelmüthiger Ehrgeiz
Ist nur auf göttliche Dinge gerichtet. Vor jener Versammlung
Aller Menschen, vorm grossen Gericht der erwachenden Todten,
Durch den Ausspruch des ewigen Ersten und seines Gesalbten,   225
Da noch verehrungswürdig zu seyn, ist sein grosses Bestreben;
Weniger Ehre wär Schmach für seine göttliche Seele.
Wenn er den Mittler erblickt, so geht er entzückt und befriedigt
Ihm entgegen, als gieng er ihm schon am ewigen Throne
Jauchzend entgegen. Ich hab ihn gesehn, da auf Tabors Gebirge   230
GOttes Gesandten, Elias und Moses, dem Mittler erschienen.
[348] Siehe! der Himmel umzog sich mit hellen umschatten=
                                    den Wolken.
JEsus wurde verklärt. Sein Antlitz war, wie die Sonne,
Wenn sie allgegenwärtig und hoch im Mittage glänzet.
Seine Bekleidung war silbern, wie Licht. Da eilte Jakobus,   235
Wie ins Allerheiligste GOttes der oberste Priester,
Aron, zur Lade des Bundes, zu GOtt und dem Gnadenstul eilte.
Also eilte Jakobus, erfüllt von der Ehre des Anschauns,
Deß ihn GOtt würdigte, kühn der hohen Erscheinung entgegen.
Unter den Heiligen Zwölfen ist dieser der Märtyrer Erstling.   240
Also sagen die Tafeln des Schicksals. Ihm ist es bestimmt,
Bald im Triumph auf den weiteren Schauplatz der Zukunft
                                    zu treten,
Und die Begierde des ewigen Geistes unendlich zu stillen.

    Simon, der Kananite, den du dort sitzend erblickest,

245 Sagte sein Engel, Megibbon, war ehmals ein heiliger Schäfer.
JEsus rief ihn vom Felde.   Sein stilles unschuldiges Wesen,
Und die Demuth, mit welcher er ihn voll Einfalt bediente,
Wandte das Herz des Erlösers ihm zu.   Denn da er im Reisen
Einst zu ihm kam, so schlachtet er ihm mit sorgsamer Eile
250 Gleich ein jugendlich Lamm, und stand, und dient ihm voll
                                                      Unschuld,
[349] Segnete sich, und die niedrige Hütte, wo GOttes Prophet
                                                          war.
JEsus aß so vergnügt, wie er einst im Haine zu Mamre
Mit zween Engeln und Abraham aß.   Komm, folge mir,
                                                      Simon,
Sagt er zu ihm, laß deinen Gespielen die Heerden der Lämmer.
255 Ich bin der, von dem du das Lied der himmlischen Schaaren,
Bey dem bethlehemitischen Quell, als ein Knabe, vernahmest.

     Dort seh ich meinen Geliebten hervorgehn, sprach Seraph
                                                      Aboram,
Schau, Jakobus, der Alphäide!   Dies ernste Gesichte,
Ist verschwiegene Tugend, die weniger saget, als ausübt.
260 Kennt ihn der Ewige nur, wenn ihn von Nachwelt zu Nachwelt
Menschen auch nicht kennten, wenn er uns auch unbekannt
                                                      bliebe,
Dennoch würd er, vom Ruhm unbelohnt, stets Tugenden üben.

     Umbiel sprach ferner: Der dort voll Gedanken und einsam
Tief im Walde sich zeigt, ist Thomas, ein feuriger Jüngling.
265 Stets zeugt sein Geist aus Gedanken Gedanken, davon er
                                                   das Ende
Vielmal nicht sieht, wenn sie, wie Meere, vor ihm sich verbreiten.
[350] Bald hätt er sich im finstern Gebäu sadducäischer Träume
Kläglich verlohren; allein des Messias gewaltige Wunder
Retteten ihn, er verließ das Bezirk labyrinthischer Irren,
270 Und kam zu JEsu.   Doch würd ich mich seinetwegen noch
                                                      öfters
Zärtlich bekümmern, hätt ihm zu dieser denkenden Seele
Nicht die Natur ein redliches Herz und Tugend gegeben.

Jener ist Matthäus, sprach Seraph Bildai, ein Jünger,
Der, im Schoosse begüterter Eltern wollüstig erzogen,
Doch auch zugleich zum niedern Geschäffte der Reichen ver-
         wöhnt ward,   275
Die des unsterblichen Geistes uneingedenk, niemals ersättigt,
Wie für die Ewigkeit sammeln. Allein die mächtigen Triebe
Seines Geistes erhuben sich bald, da er JEsum erblickte.
JEsus rief ihn kaum zu sich, so folgt er, und ließ die Geschäfte,
Die ihn bisher zur Erde gedrückt, den Thieren zurücke. 280
So entreißt sich ein Held der Könige weichlichen Töchtern,
Wenn ihn der Tod fürs Vaterland ruft. Ins Feld hin,
        wo GOtt steht,
Und dem Tode, gerüstet mit Rache, die Schuldigen zuzählt,
Ruft ihn mehr als ewiger Ruhm, die Stimme der Unschuld.
Ihn wird dankbar und froh erretteter Völker Mund ehren, 285
[351] Denn sein Krieg war gerecht. Und bleibt er, mitten im
        Würgen,
Da noch ein Mensch, so wollen wir ihn vor dem Ewigen singen.

Seraph Sioua fuhr fort. Der dort mit dem silbernen
        Haupthaar,
Jener freundliche Greis, ist Bartholomäus, mein Jünger.
Schau sein frommes einnehmendes Antlitz. Die göttliche Tugend 290
Wohnet da gern. Den Sterblichen wird ihr strenges Betragen,
Wenn er vor ihnen sie übt, weit liebenswürdiger werden.
Du wirst viel zu JEsu versammeln. Sie werden dein Ende
Sehen und sich wundern, wenn du im Schweisse des Todes
Deinen Mördern und Brüdern, gleich jungen Seraphim, lächelst. 295
Wischet mit mir, wenn er stirbt, das Blut von seinem Gesichte,
Himmlische Kräfte, damit sein abschiednehmendes Lächeln
Alle Versammlungen sehn, und sich zu JEsu bekehren.

Jener blasse verstummende Jüngling, sprach Elim itzt weiter,
Ist mein auserwählter Lebbäus. So zärtlich und fühlend, 300
Als die Seele des stillen Lebbäus, sind wenig erschaffen.
Da ich aus jenem Gefilde sie rief, wo die Seelen der Menschen
[352] Vor des Leibes Geburt, sich selbst noch unbekannt, schweben,

           5*

Fand ich sie im Trüben nächst einer rinnenden Quelle,
305 Die, wie von fern herweinende Stimmen, langrauschend ins
                    Thal floß.
Hier hat einmal, wie die Engel erzählen, der traurige Seraph,
Abbadonaa geweint, als er einst aus Eden zurückkam,
Und das erste Paar Menschen der heiligen Unschuld beraubt sah.
Auch wißt ihr wohl, daß Seraphim oft hier die Seelen beklagen,
310 Denen sie GOtt zu Vertrauten erkohr, die aber auf Erden
Erst die heilige Jugend mit Unschuld lieblich bekrönen,
Dann den Anfang des göttlichen Lebens entheiligen werden.
Ach, sie wird, vom Laster entstellt, ein schreckliches Ende
Nehmen.   Sie sinds, um die vor ihrer unselgen Geburtszeit
315 Brüderlich, mit Seufzern der himmlischen Freundschaft, mit
                    Thränen,
Menschen unweißbar, die Seraphim klagen.   Hier fand ich
                    die Seele
Meines geliebten Lebbäus in ruhige Wolken gehüllet.
Also vernahm sie den traurigen Ton mit schwacher Empfin=
                    dung,
Die nun so lang, als das stärkre Gefühl der Sinne sie ein=
                    nimmt,
320 Ausgelöscht ist, doch wieder erweckt wird und mächtiger wirket,
[353] Wenn die Seele mit Lichte bekleidet dem Körper ent=
                    fliehet.
Doch blieb dieses zwar leise Gefühl der traurigen Stimmen
Mächtig genung, die erste Gestalt der Seele zu bilden.
Sie hab ich sanft im Schosse leichtfliessender Morgenwolken
325 Bis zur sterblichen Hütte gebracht.   Die Mutter gebahr ihn,
Unter den Palmen.   Da kam ich vom Wipfel der rauschenden
                    Palmen
Unsichtbar her, und kühlte den Knaben mit lieblichen Lüften.
Aber er weinte schon dammal mehr, als die Sterblichen weinen,
Wenn sie mit dunkler Empfindung den Tod von ferne schon
                    fühlen.
330 Also bracht er bey ieglicher Thräne, die Freunde vergossen,
Zärtlich gerührt, beym leichtesten Schmerz der Menschen em=
                    pfindlich,

Seine wehmüthige Jugendzeit hin. So ist er bey JEsu
Immer gewesen. Wie sehr bin ich deinentwegen bekümmert!
Wenn der Erlöser erst stirbt, da wirst du, heiliger Jüngling,
Unter der Last des Elends vergehn. Ach stärk ihn, Erlöser,   335
Stärk ihn alsdann, erbarmender Heiland, damit er nicht sterbe.
Siehe! dort kömmt er selbst, tiefsinnig mit wankenden Schritten,
[354] Zu uns herauf, hier kanst du ihn, Seraph, näher be-
                         trachten,
Und von Antlitz zu Antlitz die zärtlichste Seele bemerken.
Indem, als er noch sprach, da trat der stille Lebbäus   340
Unter sie hin. Die hohe Versammlung wich ungemerkt seit-
                         wärts
Vor dem Sterblichen aus. So zertheilen sich Frühlingslüfte,
Durch der Nachtigall kläglichen Ton, wenn sie mütterlich jammert.
Itzo umgaben sie ihn, und standen, wie Menschen, voll Liebe,
Um ihn herum. Von keinem Geschöpf, wie er glaubte, ver-
                         nommen,   345
Klagte der stille Lebbäus, und schlug im zärtlichen Klagen
Ueber sein Haupt die Hände zusammen. So find ich ihn nirgends!
Schon ist ein trauriger Tag und fast zwo Nächte verflossen,
Daß wir ihn nicht sehen! Ja seine verruchten Verfolger
Haben gewiß ihn endlich ergriffen! Ich armer Verlaßner   350
Kann noch leben, da JEsus schon todt ist? Dich haben die
                         Sünder
Kläglich erwürgt, du göttlicher Mann! Und ich sah dich
                         nicht sterben!
Und ich habe nicht sanft dein göttliches Auge geschlossen!
Sagt, Verruchte, wo würgtet ihr ihn? In welche Gefilde,
Ach! in welche verödete Wüste, zu welchen Gebeinen   355
[355] Unter den Todten entführtet ihr ihn, und nahmt ihm
                         sein Leben?
Ach wo liegst du, göttlicher Freund? Ja, unter den Todten,
Bleich und entstellt, der zärtlichen Huld und des himmlischen
                         Lächelns,
Aller deiner erbarmenden Blicke von Mördern beraubet,
Liegst du! Und dich haben die Deinen nicht sterben gesehen!   360
Ach daß dieses bekümmerte Herz mir nur nicht mehr schlüge!

Daß mein zum Trauren erschaffener Geist, wie dieß düstre
Gewölke,
Tief in die Nacht des Todes entflöhe! Daß meine Gebeine
Felsen würden, und ewig hier stumm, und ewig hier einsam
365 Stünden, und ein Denkmal der bängsten Traurigkeit würden!

Also klagt er, und sank in Ohnmacht und Schlummer da=
nieder.
Elim bedeckt ihn mit Sprößlingszweigen des schattenden Oel=
baums,
Wehte zugleich mit wärmenden Lüften sein starrendes Antlitz
Unsichtbar an, und goß ihm Leben und ruhigen Schlummer
370 Ueber sein Haupt. Er schlief und sah im heiligen Traume,
Durch den Engel, den Mittler vor sich lebendig herumgehn.

[356] Selia hieng noch mit thränendem Blick, und zärt=
lichem Mitleid
Ueber ihm, als noch ein Jünger gleich gegen ihn über herauf=
stieg.
Nennet mir auch jenen, so sagt er, da kömmt er am Berge
375 Zu uns herauf. Ihm fällt ein schwarzes lockichtes Haupthaar
Ueber die breiten Schultern herab. Sein ernstes Gesichte
Ist voll männlicher Schöne. Dieß Haupt, das über die Häupter
Aller Jünger hervorragt, vollendet sein männliches Ansehn.
Aber darf ichs wohl sagen, und irr ich nicht, himmlische
Freunde?
380 Wenn ich in diesem Zuge des Angesichts Unruh entdecke,
Und in jenem nicht edles genung. Nein! er ist ja ein Jünger,
Und er wird ja mit JEsu dereinst das Weltgericht halten!
Doch ihr schweiget, Unsterbliche? Keiner von meinen Geliebten
Sagt mir ein Wort? Ach warum schweigt ihr, himmlische
Freunde?
385 Hab ich euch etwa betrübt, daß ich diesen Jünger verkannte?
Redet mit mir, ich habe geirrt. Und du, heiliger Jünger,
Zürne du nicht; ich will, wenn du einst als Märtyrer GOtt ehrst,
[357] Und im Triumph die Unsterblichen siehst, da will ich den
Fehler

Durch die zärtlichste Freundschaft vor diesen Seraphim gut
thun.

Ach! so muß ich denn reden? sprach Seraph Ithuriel
seufzend,   390
Und gieng mit kläglich gerungenen Händen dem Seraph entgegen,
Ach! so muß ich denn reden, mein Freund? Ein ewiges
Schweigen
Wäre für meine Betrübniß und deine Beruhigung besser!
Doch du wilst es, ich red, o Seraph. Ischarioth heißt er,
Welchen du siehst. Ja, Seraph, ich wollte nicht über ihn
weinen,   395
Ungerührt wollt ich ihn sehn, unbethränt und ohne Betrüb-
niß
Wollt ich ihn sehn, und in heiligem Zorne den Strafbaren
meiden;
Hätt ihm nicht GOtt ein edles Gemüth, und ein tugendhaft
Herze,
Und in der unentheiligten Jugend viel Unschuld gegeben;
Hätt ihn nicht selbst der Messias der Jüngerschaft würdig
geachtet,   400
In der er anfangs auch heilig und fromm und untadelhaft lebte.
Aber ach nun! - - Doch ich schweige, mein Leid nicht unendlich
zu häufen!
Ja nun weis ich, warum, da wir uns von den Seelen der
Jünger
[358] Einst vor des Leibes Geburt, vorm Antlitz GOttes,
besprachen;
Warum damals, auf göttliches Winken, Seraph Eloa   405
Traurig herabstieg, und einen der hohen goldenen Stüle,
Die den heiligen Zwölfen GOtt gab, mit Wolken bedeckte.
Auch ist Gabriel traurig und mit verhülltem Gesichte
Vor mir vorübergegangen, als ihn in unseliger Stunde
Seine verlassene Mutter gebahr. Wärst du nur nicht geboren! 410
Hätte von deiner nun ewigen Seele kein Seraph gesprochen,
Armer verlohrner! dieß wäre dir besser, als daß du den Mittler
Und der Jünger erhabnen Beruf unedel entheiligst.

Seraph Ithuriel sprachs, und blieb mit sinkenden Blicken
415 Traurig vor Selia stehen. Mein ganzes Herz erbebt mir,
Und ein trübes Dunkel, wie Dämmrung, umnebelt mein Auge!
Sagt itzt Selia seufzend. Ischarioth, einer der Zwölfe,
Und dein Jünger, Ithuriel? Was der Unsterblichen keiner
Jemals geglaubt, was itzo ihr Mund vor Wehmuth kaum
                                                         ausspricht!
420 Der entheiligt der Jünger Beruf und den göttlichen Mittler?
Doch was ist denn sein traurig Verbrechen? Was that der
                                                         Verlohrne?
[359] Das ihn vor JEsu und dir und allen Geistern entehrte.
Sag es nur frey, zwar bebt mir mein Herz, doch, Ithuriel,
                                                         sag es!

Seraph, ein heimlicher Haß, ein feindschaftvolles Bestreben,
425 Sprach Ithuriel, hat den unglückseligen Jünger
Wider den göttlichen Mittler empört. Er hasset Johannes,
Weil den JEsus vor allen mit inniger Zärtlichkeit liebet;
Und, was er noch vor sich selbst zu verbergen sucht, auch
                                                         den Erlöser.
Auch sind in einer erschrecklichen Stunde Begierden nach Reich=
                                                         thum
430 Noch dazu in seiner sonst edleren Seele gewurzelt.
Denn die kannt ich im Jünglinge nicht. Von ihnen verblendet,
Glaubt er, nun werde Johannes bereinst vor den übrigen
                                                         Jüngern
Und auch besonders vor ihm im neuen Reiche des Mittlers
Schätze, die herrlichsten Schätze, des Reichthums Erstlinge,
                                                         sammeln!
435 Dieß hab ich oft, wenn er, wie er glaubte, von keinem bemerket,
Einsam herumgieng, von ihm aus klagendem Munde vernommen.
Einst als er auch, (dieß schreckliche Bild wird mir ewig
                                                         vor Augen
Schweben, und ewig mein Herz mit stillem Kummer er=
                                                         füllen!)
[360] Einst, als. er auch im Thale Benhinnon voll Unruh
                                                         dieß sagte,

Und in Wünsche voll Bosheit bey seiner Beschuldigung
                                        ausbrach;   440
Als ich dabey, wie untröstbar und wehmuthsvoll in mich
                                        gekehret
Stand, und mein Angesicht aufhub, da sah ich, wie Satan
                                        vorbey gieng,
Und mit bitterm Gespött und triumphirendem Lächeln
Von Ischarioth kam, und stolz mitleidig ·mich ansah.
Itzt ist sein Herz dem Zugang des Lasters so bloß und
                                        eröffnet,   445
Daß ich für ieden Gedanken, für iede Bewegung des Herzens
Innig besorgt bin, daß sie zum schnellen Verderben ihn
                                        führen.
Gott! daß deine gefürchtete Hand itzt im Abgrunde Satan
Mit diamantenen Ketten der tiefsten Finsterniß hielte!
Daß die unsterbliche Seele, die du, erhabner Messias,   450
Auch zur seligen Ewigkeit schuffst, von ihrer Verirrung
Wiederzukehren die theuren Minuten noch lange genösse!
Daß sie, würdig der hohen Geburt und der schaffenden
                                        Stimme,
Mit der sie Gott zur Unsterblichkeit rief, und zur Jün-
                                        gerinn weihte,
Ihrem ergrimmten Verderber unüberwindlich und furchtbar, 455
Gleich dem muthigsten Seraph, mit Heiligkeit widerstünde!

    [361] Theurer Seraph, was sagt denn der Mittler, sprach
                                        Selia ferner,
Ach was sagt denn der göttliche Mittler von seinem Ver-
                                        lohrnen?
Kann er den Verruchten vor seinem Gesichte noch sehen?
Liebt er ihn noch? Und wenn er ihn liebt, wie entdeckt er
                                        sein Mitleid?   460

    Selia, du zwingst mich, ich muß dir alles entdecken,
Was ich so gern vor mir selbst, vor dir, und den Engeln ver-
                                        bürge.
JEsus liebt den Unwürdigen noch. Voll sorgsamer Liebe,

Zwar mit Worten nicht, aber mit Blicken der göttlichsten
                                    Freundschaft,
465 Sagt er ihm jüngst, bey einem zufriednen vertraulichen Mahle,
Vor der Versammlung der Jünger, er sey es, er werd ihn
                                    verrathen.
Theurer Seraph, er wird ihn verrathen! Der Strafbare fühlte
JEsu erbarmende Blicke nicht mehr. Er wird ihn verrathen!
Selia, siehe, da kömmt er herauf. Ich will den Verruchten
470 Ferner nicht sehn, komm mit mir. Ithuriel sagt es, und eilte.
Selia folgte betrübt. Johannes zweyter Beschützer,
Salem, ein himmlischer Jüngling, begleitete beyde von ferne.
JEsus gab dem geliebten Johannes zween heilige Wächter,
[362] Raphael, einer vom Throne, der hohen Seraphim einer,
475 Und aus Gabriels Ordnung, der ward sein erster Beschützer.
Selia, und Ithuriel giengen beyde zu JEsu
In die Gräber. Da trat mit erheitertem Angesicht Salem
Unter sie hin, und blickte sie an, und umarmte sie zärtlich.
Frohe besänftigte Züge verklärten das Angesicht Salems,
480 Und ein jugendlich Lächeln umfloß die unsterbliche Stirne,
Da, wie die Pforten des lieblichen Morgens im Frühling sich
                                    öffnen,
Sich sein heiliger Mund voll süsser Beredsamkeit aufthat,
Und von seinen Lippen die Stimme sanfttönend herabfloß:

Seraph, beruhige dich, der dort in den Gräbern bey JEsu,
485 Jener ist Johannes der liebenswürdigste Jünger.
Schau ihn nur an, bald wirst du nicht mehr an Ischarioth
                                    denken!
Heilig, wie ein Seraph, ja wie der Unsterblichen einer,
Lebt er beym Messias, der sein Herz vor allen ihm öffnet,
Der ihn, mit göttlicher Huld, sich zum vertrautesten wählte.
490 Wie die Freundschaft des hohen Eloa und Gabriels Freund=
                                    schaft:
Oder wie Abdiels Liebe zu Abbadonna gewesen,
Als er mit ihm in anerschaffener Unschuld noch lebte:
Also ist Johannes und JEsu göttliche Freundschaft.
[363] Und er ist es auch würdig. Noch ward in heiligen Stunden

Keine so göttliche Seele vom grossen Schöpfer gebildet,   495
Als die unschuldige Seele Johannes. Ich hab es gesehen,
Da die Unsterbliche kam. Sie priesen glänzende Reihen
Himmlischer Jünglinge selig, und sangen von ihrer Gespielinn:

Sey uns gegrüßt bey deinem Hervorgehn, unsterbliche
                                Freundinn,
Heilige Tochter des göttlichen Hauchs, komm, sey uns gesegnet! 500
Du bist schön und zärtlich, wie Salem, wie Raphael, himmlisch
Und erhaben. Dir werden aus deiner heiteren Fülle,
Wie aus der Morgenröthe der Thau, die Gedanken gebohren.
Und dein menschliches Herz, dein Herz voll zärtlicher Triebe
Fließt, wie der Seraphim Auge, das bey Erblickung der Tugend 505
Voller Entzückungen weint, von süssen Empfindungen über!
Tochter des göttlichen Hauchs, vertraulichste Schwester der Seele,
Die in ihrer unschuldigen Jugend einst Adam belebte,
Komm, wir führen dich itzt zu deinem Vertrauten, dem Körper,
Den die Natur schön bildet, damit du im Lächeln, o Seele, 510
[364] Dein holdseliges Wesen vom heitern Angesicht redest.
Ja er wird schön seyn, und deinem Leibe, Messias, gleichen,
Den nun bald der göttliche Geist zum schönsten der Menschen
Bilden wird, zum schönsten vor allen Kindern von Adam.
Ach daß dieses dein zartes Gebäu in Staub hin sich legen 515
Und verwesen muß! Aber dich wird bey den Todten dein Salem
Suchen und auferwecken, und wenn du erwacht bist, verklären!
Herrlich nach himmlischer Bildung mit neuer Schönheit umkränzet,
Wird er dich hoch in kommenden Wolken, du Richter der Menschen,
Deinem Messias entgegen, zu seinen Umarmungen führen. 520
Also sang von meinem Johannes die himmlische Jugend.

Salem sagt es, und schwieg. Er und die Seraphim blieben
Um Johannes herum, voll süsser Zärtlichkeit, stehen.
Also stehen drey Brüder um eine geliebteste Schwester
Zärtlich herum, wenn sie auf weich verbreitetem Rasen 525
Unbesorgt schläft, und in blühender Jugend Unsterblichen
                                gleichet.
Ach sie weis es noch nicht, daß ihrem redlichen Vater

Seiner Tugenden Ende sich naht. Ihr dieses zu sagen,
[365] Kamen die Brüder; allein sie sahen sie schlummern,
und schwiegen.

530 Unterdeß schliefen die übrigen Jünger vom Kummer ermüdet
An den Höhen des Oelberges ein. Der unter dem Oelbaum,
Wo er. seinen bedeckenden Arm am tiefsten herabließ;
Jener im Thal, das sich bey kleinen Hügeln versenkte;
Dieser am Fuße der himmlischen Ceder, die hoch und erhaben
535 Stand, und mit leisem Geräusch vom stillen waldigten Wipfel
Schlummer und Thau auf die Ruhenden träufte. Viel schlie=
fen im Grabmal,
Welches die Kinder der mördrischen Stadt den Propheten er=
bauten.
Petrus und Jakobus bey des hohen Hesekiels Denkmal,
Wo er auf dem Marmor mit ernstem entzückten Gesichte
540 Stand, und um sich herum erwachende Todten erblickte.
Judas Ischarioth war, nicht weit vom stillen Lebbäus,
Der sein Verwandter und Freund war, aus Ungeduld ein=
geschlafen.
Aber Satan, der seitwärts in einer verborgenen Höle
Alles, was die Engel von ihren Jüngern erzählten,
545 Angehört hatte, brach zürnend hervor, und ließ voll Gedanken
Zum Verderben erhitzt, sich bey Ischarioth nieder.
Also naht sich die Pest in mitternächtlichen Stunden
[366] Schlummernden Städten. Der Tod liegt auf ihren
verbreiteten Flügeln
An den Mauern, und hauchet um sich verderbende Dünste.
550 Itzo liegen die Städte noch ruhig: Bey nächtlicher Lampe
Wacht noch der Weise; noch unterreden sich göttliche Freunde
Unter den Rosen des Frühlings beym unentheiligten Weine
Von der unsterblichen Dauer der Seelen und ihrer Freundschaft:
Aber bald wird sich der furchtbare Tod am Tage des Jammers
555 Ueber sie breiten, am Tage der Quaal und des sterbenden
Winselns,
Wo mit gerungenen Händen die Braut um den Bräutigam
jammmert;

Wo nun aller Kinder beraubt die verzweifelnde Mutter
Wütend dem Tag, an dem sie gebahr und gebohren ward,
                                                    fluchet;
Wo mit tiefen verfallenen Augen die Todtengräber
Durch die Leichname wandeln, bis hoch vom trüben Olympus 560
Mit tiefsinniger Stirn der Todesengel herabsteigt,
Und sich umsieht, und alles veröbet und still und einsam
Sieht, und auf den Gräbern voll ernster Betrachtungen stehn
                                                    bleibt.
Also kam über Ischarioth Satan zum nahen Verderben,
Und ließ einen verführenden Traum in sein offnes Gehirne. 565
[367] Schnell empört er sein klopfendes Herz zu Begierden
                                                    der Bosheit;
Senkte zuerst empfundne Gedanken, voll Feuer und stürmend,
In die Seele. So wie sich ein Donner in schweflichte Berge
Himmelab stürzt, sie entzündt, neue Donner zu sich versammlet,
Dann durch die Tiefen, nunmehr ein ganzes Gewitter, sich
                                                    fortwälzt.   570
Denn der Seraphim hohes Geheimniß, den Seelen der Menschen
Edle Gedanken, der Ewigkeit würdige grosse Gedanken
Einzugeben, war Satan zu seiner grössern Verdammniß
Annoch bekannt.   Zwar kam aus treuer sorgsamer Ahndung
Seraph Ithuriel wieder zurück, bey dem Jünger zu bleiben. 575
Aber da er wahrnahm, wie über Ischarioth Satan
Sich verbreitete, bebt er und stand, und sahe zu GOtt auf,
Und entschloß sich, vom Schlaf Ischarioth aufzuwecken.
Dreymal schwebt er auf Flügeln des Sturms durch brausende
                                                    Cedern
Ueber sein Angesicht hin, gieng dreymal mit mächtigen
                                                    Schritten   580
Bey dem Jünger vorbey, daß des Bergs Haupt unter ihm bebte.
Aber Ischarioth blieb, mit kalten erblassenden Wangen,
Wie in tödtlichem Schlummer.   Der Seraph gieng seitwärts,
                                                    und seufzte.
[368] Indem erschien dem Jünger im Traume sein Vater, und
                                                    sah ihn
Mit der Mine, mit der er den Geist voll Seelenangst ausblies, 585

Und noch mit sterbendem Ton von des Reichthums Seligkeit
                                                    seufzte,
Trostlos und sorgenvoll an, und sprach mit bebender Stimme:

     Und du schläfst, Ischarioth, hier unbekümmert und ruhig?
Und entfernst dich so lange von JEsu, als wenn du nicht
                                                    wüßtest,
590 Daß er dich haßt, und die übrigen Jünger dir insgesammt vor=
                                                    zieht!
Warum bist du nicht immer bey ihm, und um ihn zugegen?
Warum suchest du nicht von neuem sein Herz zu gewinnen?
Wem überließ, Ischarioth, dich dein sterbender Vater!
GOtt! mit welcher Vergehung hab ichs, mit welchem Verbrechen
595 Hats mein Geschlecht verdient, daß ich aus dem Reiche der
                                                    Schatten
Kommen, und um Ischarioth hier und sein trauriges Schicksal
Weinen muß? Ach meynst du, du werdest im Reiche des Mittlers,
Das er errichten wird, glücklicher seyn; so betrügst du dich,
                                                    Aermster,
Kennest du nicht Petrum, kennst du die Zebedäiden,
600 [369] Diese geliebtesten Jünger nicht mehr? Die sind es,
                                                    die werden
Grösser, als du, und herrlicher seyn! Die werden bey JEsu
Schätze, wie Ströme, zu sich von des Landes Milde versammeln.
Auch die übrigen werden ein viel glückseliger Erbtheil,
Als du, verlassener Sohn! von ihrem Messias empfangen.
605 Komm, ich will dir ihr Reich in seiner Herrlichkeit zeigen.
Steig auf diesen Berg! Wanke nicht, Sohn! Es ist ein=
                                                    mal dein Schicksal!
Siehest du dort vor uns das unendliche breite Gebirge,
Welches ins fruchtbare Thal verlängerte Schatten hinabstreckt?
Hier wird unaufhörlich, wie aus Ophirischen Inseln,
610 Gold ausgegraben; hier triefet das Thal, durch selige Jahre
Reich und unerschöpflich, vom Ueberflusse des Segens.
Dieß ist des auserwählten Johannes gesegnetes Erbe.
Jene mit hohen Traubengeländern umhangenen Hügel,
Diese von wallendem Korn weit überfliessenden Auen

Sind dem geliebtesten Petrus von seinem Messias gegeben. 615
Siehst du den ganzen Reichthum des Landes? Wie hier
sich die Städte,
Gleich der Königstochter, Jerusalem, unter der Sonne
Glänzend und hoch, voll unzählbarer Menschen im Thale
verbreiten!
Wie sich neue Jordane dort, die Städte zu wässern,
Unter der Umwölbung der hohen Mauren dahinziehn!   620
[370] Gärten, gleich dem befruchteten Eden, umschatten den
Goldsand
Ihrer Gestade. Dieß sind die Königreiche der Jünger.
Aber erblickst du, Ischarioth, auch in jener Entfernung
Dieses kleine gebirgige Land? Da liegt es verödet
Wild, unbewohnt und steinigt mit dürren Gehölzen durch-
wachsen.   625
Auf ihm ruhet die Nacht in kalten weinenden Wolken,
Unter ihr Eis und nordischer Schnee in unfruchtbaren Tiefen,
Wo zur Einöd und Nacht und deiner Gesellschaft verdammet,
Nächtliche Vögel die tausendjährigen Eichen durchirren.
Dieses ist dein Erbtheil. Wie werden, verachteter Jünger, 630
Vor dir die übrigen Eilfe mit triumphirender Stirne
Königlich vorbeygehn, und kaum im Staube dich merken!
Juda, du weinest vor Gram und edelmüthigem Zorne!
Sohn, du weinest umsonst, umsonst sind alle die Thränen,
Die du in deiner Verzweiflung vergießt, wenn du selbst dir
nicht beystehst!   635
Höre mich an! Ich schließe dir ganz mein väterlich Herz
auf.
Siehe, der Messias verzieht mit seiner Erlösung,
Und mit dem herrlichen Reich, das er aufzurichten verheißen.
Nichts ist den Großen in Juda verhaßter, als dieses Reich
Jesu!
[371] Täglich sinnen sie ihm den Tod aus. Verstelle dich,
Juda.   640
Thu, als wolltest du ihn in die Hand der wartenden Priester
Ueberliefern; nicht Rache zu üben, weil er dich hasset,
Das sey ferne von dir! er würd ihr spotten, und immer

Unüberwindlich dem Arm der Widersacher entrinnen:
645 Sondern ihn nur dadurch zu bewegen, damit er sich endlich
Ihrer Verfolgungen überdrüssig und furchtbarer zeige,
Und, sie mit Schande, Bestürzung und Schmach zu Boden
                                        zu schlagen,
Sein so lang erwartetes Reich auf einmal errichte.
Alsdann wärst du ein Jünger von einem gefürchteten Meister!
650 Alsdann würdest du auch dein Erbtheil früher erlangen!
Ist es gleich klein; so kannst du es doch, erlangst das nur frühe,
Endlich mit unermüdendem Fleiß, mit Wachen und Arbeit,
Durch Anbauung und Handeln bereichern, damit es der andern
Grossen gesegnetem Erbe, wiewohl von ferne nur, gleiche.
655 Hierzu füllen gewiß, für die Ueberlieferung JEsu,
Dir die dankbaren Priester mit ihrem Reichthum die Hände.
Dieß ist der Rath, den dir dein bekümmerter Vater ertheilet.
Schaue mich an! Ist dieß nicht mein blasses erstorbenes
                                        Antlitz?
[372] Ja, aus dem Reiche der Schatten, da deinetwegen noch
                                        zärtlich,
660 Komm ich hieher! Ein Engel des Lichts, der war wohl dein
                                        Schutzgeist,
Leitete mich zu dir, da zeigt ich dir dieses im Traume.
Doch du erwachest. Verachte nicht, Sohn, die ermahnende
                                        Stimme
Deines Vaters, und laß mich nicht traurig in meine Be=
                                        hausung
Unter die Seelen der Todten mit Herzeleid wiederkehren.

665 Satan richtete sich, nach Vollendung seiner Gesichte,
Ueber ihm auf. So richtet sich hoch ein olympischer Berg auf,
Welcher ein Thal war, wenn Thäler um ihn, bey Erschütt=
                                        rung der Erde,
Mit unermeßlichem sinkenden Schritt in die Tiefe sich stürzen.
Judas erwacht und sprang ungestüm auf. Ja, sie war es,
                                        die Stimme
670 Meines verstorbenen Vaters, so redt er, so sah ich ihn sterben!
Also ist es gewiß, man haßt mich! Selbst unter den Todten

Ift es bekannt; was du immer voll Furcht, und zitternd ver-
              muthet,
Armer Verlaßner, das melden dir itzt die Seelen der Todten!
Nun wohlan! so will ich denn hingehn, und alles vollenden,
Was dieß hohe Gesicht mir befahl! Doch so handl ich ja untreu 675
[373] An dem Meſſias! Entfleuch, zu furchtsamer kleiner Ge-
              danke!
Meinem Vater befahl es ein Geist; unfehlbar befahl es
GOtt dem Geiste; so thu ich, was GOtt will; so handl ich
              nicht untreu!
Was ich thue, geschieht selbst zur Verherrlichung JEſu!
Aber ich fühle ja bey mir nach Reichthum heiße Begierden! 680
Heiſſe Begierden nach Rache! Was bist du, Seele, so zärtlich,
Und so empfindlich, mit schwachen Gedanken dich ängstlich zu
              quälen?
GOtt schickt Gesichte; die hohen Gesichte befehlen die Rache;
Wenn sie der Ewige will, so ist die Rache geheiligt!

    Satan hört ihn, den GOttes Gerichte von ferne schon
              trafen,   685
Weil er die Unschuld der Seele vorher entheiliget hatte,
Also reden. Er stand, und sah mit schweigendem Stolze
Und mit grimmen Geberden auf ihn triumphirend herunter:
Also sieht ein gefürchteter Fels vom hohen Olympus
In das gebirgigte Meer auf schwimmende Leichname nieder! 690
Aber bald wird ihn der Donner faſſen; bald wird er zertrümmert
Tief im Meer ein Thal seyn, und liegen; ihn werden die Inseln
Fallen sehn, und ringsum dem rächenden Donner zujauchzen.
Satan verließ den Oelberg, und gieng mit erhabenen Schritten
[374] Ueber Jerusalem hin, und sucht in stillen Palläſten   695
Kaiphas auf, den Feind und Hohenpriester der Gottheit,
Ueber sein boshaftes Herz noch viel boshaftre Gedanken
Auszugieſſen, und ihn mit dunkeln Gesichten zu täuschen.
Judas Ischarioth blieb noch, in irre Gedanken vertiefet,
Auf dem Gebirge. Der Morgen gieng itzt der schlummern-
              den Welt auf.   700
JEſus erwachte, Johannes mit ihm. Sie giengen zusammen

Auf den Oelberg, und fanden daselbst die Jünger noch
schlafend.
JEsus ergriff den frommen Lebbäus bey sinkenden Händen,
Und sprach, als er erwachte, zu ihm: Da bin ich, und lebe,
705 Frommer Lebbäus! Der Jünger sprang auf, umarmt ihn
mit Thränen,
Lief, und weckte die übrigen Jünger, und brachte sie JEsu.
Als sie ihn ringsum vertraulich umgaben, so sprach er zu
ihnen:

Komm, du heilige Schaar, wir wollen uns unter einander
Diesen noch übrigen Tag vor dem Abschiedskusse vergnügen!
710 Komm, itzt stehet uns Saron noch offen, itzt thaut noch der
Himmel
Ueber uns, aus des Morgens Gewölk, in die Segensgefilde.
[375] Itzt läßt die himmlische Ceder, von meinem Vater
erzogen,
Auf uns noch kühlende Schatten herab. Noch seh ich den
Menschen
Von so göttlicher Bildung bey meinen Unsterblichen wandeln!
715 Aber bald wird dieß gar nicht mehr seyn! Bald wird sich
der Himmel
Dunkel mit schreckenden Wolken umziehn! Bald werden die
Tiefen
Ungestüm erzittern, und diese Gefilde voll Segen,
Diese geliebten Gefilde verwüsten! Bald werden die Menschen
Mörderisch mich ansehn! Bald werdet ihr alle mich fliehen!
720 Weine nicht, Petrus, und du, mein zärtlich bekümmerter
Jünger,
Weine du nicht! wenn der Bräutgam noch da ist, so weinet
die Braut nicht.
Ach! ihr werdet mich wieder erblicken, ihr werdet mich sehen,
Wie bey erwachenden Todten die Mutter ein theurer Sohn
sehn wird.

Dieses sagt er, und stand mit göttlich erheitertem Antlitz
725 Unter ihnen; allein in seinem Herzen empfand er

Innerlich Seelenangst und der Erlösung erhabene Leiden.
Also gieng er, und wurde von allen vertraulich begleitet;
Nur von Ischarioth nicht. Der hatt ihn unter den Schatten
[376] Waldigter Wipfel von ferne gehört. So weis ers ja
                                             selbst schon,
Sagt er vor sich, da er JEsu im weggehn von ferne noch
                                             nachsah,   730
Daß ihm ein Tag der Verfolgung bevorsteht; so wird ers
                                             auch wissen,
Wie er seinen Verfolgern begegnen, und unüberwindlich
Seine Verherrlichung endigen soll. Doch sieht er auch, Juda,
Dich, als seinen Gehülfen auf diesem erhabenen Schauplatz?
Weis er dein Unternehmen auch schon? Du willst ihn ver-
                                             rathen!   735
Ach wie sind vor dem sterblichen Auge des Ewigen Wege
Wunderbar! Wie unerforschlich ist GOtt in seinen Gerichten!
Meinen Messias, den soll ich, zu seiner Erhöhung, verrathen?
Aber, wenn mein Gesicht mich nun täuscht? Wenn mein
                                             Traum mich betrieget?
Täuscht mich mein Traum; schickt der Ewge Gesichte, die
                                             Menschen zu quälen: 740
So sey die Stunde verflucht, in der ich unmuthsvoll ein-
                                             schlief,
In der über mein Haupt des Vaters Schatten herabkam!
In ihr müsse man auf den Gebirgen ein sterbendes Winseln
Hören! Ein sterbendes Winseln in tiefen verfallenen Gräbern
[377] Müsse man hören! Verflucht sey der Ort, wo ich lag
                                             und einschlief!   745
Allda müß ein entsetzlicher Sohn den Vater erwürgen!
Allda fliesse das Blut von meinem geliebtesten Freunde,
Wenn er verzweifelnd mit eignen Händen daselbst sich erwürgt
                                             hat!
Juda, wohin verirrest du dich? Ja wohin! Was zürnst du
Ueber dich selbst? Du verirrest dich nicht, wenn du also
                                             getäuscht wirst!   750
Lehrt mich ein göttlich Gesicht den hohen Messias verrathen,
Und ich sündige dran: so setzst du, unter den Tagen
                                             6*

Schrecklichster Tag, auch verflucht! da mich der Messias
erwählte,

Da er voll Liebe mit holden einnehmenden Blicken mir sagte:
755 Folge mir nach! Du müssest umwölkt und dunkel und Nacht
seyn!

An dir müsse die Pest in Finsternissen herumgehn!

An dir müssen verderbende Seuchen im Mittage tödten!

Dich, Tag, nenne kein Mensch! GOtt vergesse dich unter
den Tagen!

Ach! wie wird mir so angst! mir zittern alle Gebeine!
760 Juda, wo bist du? erwache! sey stark! Was quälst du dich,
Aermster?

GOttes Gesichte betriegen dich nicht! Der Tag sey gesegnet!

Wenn der Messias durch dich ein neues Königreich anfängt.

[378] Also sagt er. Indem war er, seit dem unselgen
Gesichte,

Zwo erschreckliche Stunden der Ewigkeit näher gekommen.